本书由南京大学文学院副院长、
中国古代文学教授苗怀明博士审订,
　　　特此致谢。

把成语用起来

一读就会用的
分类成语故事 六

做事和方法 · 错误和愚蠢

歪歪兔童书馆 / 编著

海豚出版社
DOLPHIN BOOKS
中国国际传播集团

目录

15/ 做事和方法

解铃系铃	4
因势利导	6
一箭双雕	8
对症下药	10
量体裁衣	12
按图索骥	14
坐不垂堂	16
不入虎穴，焉得虎子	18
坐山观虎斗	20
负荆请罪	22
闭门思过	24
知易行难	26
发蒙振落	28
迎刃而解	30
唾手可得	32
易如反掌	34
胸有成竹	36
三令五申	38
视同儿戏	40
代人捉刀	42

16／错误和愚蠢

铸成大错	44	放虎归山	70	与虎谋皮	94
南辕北辙	46	纸上谈兵	72	竭泽而渔	96
作舍道边	48	东施效颦	74	鹬蚌相争，渔人得利	98
打草惊蛇	50	邯郸学步	76		
指鹿为马	52	揠苗助长	78	讳疾忌医	100
反裘负刍	54	饮鸩止渴	80	掩耳盗铃	102
舍本逐末	56	临渴掘井	82		
越俎代庖	58	叶公好龙	84		
画蛇添足	60	滥竽充数	86		
作法自毙	62	守株待兔	88		
飞蛾扑火	64	刻舟求剑	90		
玩火自焚	66	郑人买履	92		
开门揖盗	68				

附录／分类成语　104

解(jiě)铃(líng)系(xì)铃(líng)

宋·释惠洪《林间录》："法眼问大众曰：'虎项下金铃，何人解得？'众无以对。泰钦适至，法眼举前语问之，钦曰：'大众何不道"系者解得"。'"

释 比喻谁惹出来的麻烦，还得由谁去解决。

　　古时候，金陵的清凉寺里有一位泰钦禅师。他年轻的时候就非常聪明，对事物的看法也和别人不一样。他性格豪迈，不拘小节，平日里总是大大咧咧的，对寺院里的规矩也不管不顾。其他和尚觉得他很古怪，都看不起他，只有法眼禅师认为他很有才华，将来必定会有一番作为，所以对他格外器重。

有一天，法眼禅师在给和尚们讲经的时候问道："有只老虎的脖子上系着一个铃铛，你们觉得什么人能把铃铛从老虎脖子上解下来呢？"

和尚们听完都发起愁来：老虎可是吃人不眨眼的家伙，光是想想它的血盆大口和满嘴尖牙，就已经吓得浑身发抖了，去给它解铃铛那不是自寻死路吗？这天底下，还没有听说过谁有这么大的本事呢！他们苦思冥想，想得脑瓜嗡嗡响，眉毛拧成了黑疙瘩，也没想出个满意的答案来。于是一个个低着头，唉声又叹气。

这时，泰钦来了。他见大家愁眉苦脸的样子，好奇地问："什么事把你们愁成这样啊？"

"你来得正好，"和尚们说，"法眼禅师给我们出了一个难题。"

"哦？什么样的难题能把你们所有人都难倒？说来我听听。"

法眼禅师把之前的问题又说了一遍。泰钦一听就笑了："我还以为有多难呢？原来这么简单啊！"

"我们想破了脑袋都没想出来，你这么快就有答案了？"

"难道你认识有这么大本事的人？"

"不会是在吹牛吧！"

和尚们都不服气，七嘴八舌地议论起来。

"让那个把铃铛系到老虎脖子上的人去啊！"泰钦说道，"他既然有本事把铃铛系在老虎脖子上，当然也就有本事把它解下来。"

大家恍然大悟，从此以后对泰钦刮目相看，再也没人敢瞧不起他了。法眼禅师更是觉得自己没看错人，对泰钦越加欣赏了。

做事和方法 / 高效·解铃系铃

例句

🌰 这事原只为了你先生一人，还请你先生系铃解铃，劝劝大家，同到猪大肠那边去请个安，赔个罪。（清·颐琐《黄绣球》）

🌰 她不来是因为还在生你的气，解铃还须系铃人，你去向她赔礼道歉，把她请过来吧！

成语个性

这个成语的完整说法是"解铃还须系铃人""解铃须用系铃人"。实际应用时，常与"心病终须心药医"连用。"心病终须心药医，解铃还须系铃人"启发人们要找到问题的根源所在，对症下药，才能从根本上解决问题。常见的连用形式还有"正本清源，解铃系铃"。

因势利导

yīn shì lì dǎo

汉·司马迁《史记·孙子吴起列传》："善战者，因其势而利导之。"

释 因：顺着。势：趋势。利导：朝有利的方向引导。顺着事情发展的趋势往好的方向加以引导。

近义 顺水推舟　　**反义** 倒行逆施

战国时期，有一个叫孙膑（bìn）的人，他曾经和庞涓（juān）一起跟着大谋略家鬼谷子学习兵法。后来，庞涓当上了魏国的将军，他知道孙膑比自己优秀，害怕有一天孙膑会威胁到自己的地位，于是设计陷害孙膑，害得他被挖去了膝盖骨、砍去了双脚。孙膑残疾之后投奔齐国，齐国大将军田忌非常赏识他的才华，便把他留在自己身边。

有一年，魏国和赵国一起攻打韩国，韩国招架不住，就向齐国求救，齐国派田忌前去支援。田忌率领大军直奔魏国的都城大梁，庞涓知道后，赶紧从韩国撤兵，往大梁方向赶。这个时候，齐军已经到达魏国境内了。

孙膑对田忌说："一直以来，魏国的士兵都看不起我们，认为我们是贪生怕死的胆小鬼。善于打仗的人，应该顺应形势，朝着有利于自己的方向引导。我们正好可以利用这一点，制订一个有效的作战计划，把劣势变为优势，从而取得胜利。"田忌听完孙膑的计策，赞不绝口。

不久之后，庞涓率兵追到了齐军的宿营地，齐军早已经走了。他让手下仔细清点，发现大约有十万个生火做饭用的灶坑。第二天，又追到齐军的宿营地，发现了五万个灶坑。第三天，宿营地只剩下三万个灶坑了。

"灶坑越来越少，说明齐国的士兵已经跑掉了一多半啦！"庞涓喜出望外，决定留下行军速度缓慢的步兵，亲自率领骑兵加快速度追击。

这一切，当然都在孙膑的预料之中。这天，孙膑计算着时间，料定庞涓今天晚上会赶到马陵道，就命人把路边的一棵大树削去一片树皮，在露出的白色树干上写上几个大字：庞涓将会死在这棵树下。然后他让士兵拿着弓箭埋伏在周围，告诉他们看到火光就放箭。

天黑之后，魏军果然到了。周围黑漆漆的，庞涓在黑暗之中见路边有棵大树露出一片白色的树干，上面隐隐约约还有一行字，但看不清楚写的什么。好奇之下，他让人点燃了火把。埋伏在周围的齐军一看见火光，立刻开始放箭。庞涓身中数箭，临死之前叹道："唉，最后我还是没能斗过孙膑，那就让我成全他的美名吧！"

齐军乘胜追击，打了一个漂亮的胜仗，还俘虏了魏国的太子。孙膑也因为这一战而扬名天下。

例句

- 不若因势利导，使之渐近自然。（清·李渔《闲情偶寄》）
- 手机不是洪水猛兽，与其粗暴禁止，不如因势利导，教会孩子如何合理使用。

成语个性

中国历史上有两个著名的"孙子"，一个是春秋时期的孙武，一个是战国时期的孙膑。他们都是著名的军事家，孙武著有《孙子兵法》，孙膑著有《孙膑兵法》。本成语常见的连用形式有"趁热打铁，因势利导""扬长避短，因势利导""因材施教，因势利导""因势利导，循循善诱"。

做事和方法 / 高效·因势利导

一箭双雕

唐·李延寿《北史·长孙晟传》："尝有二雕飞而争肉，因以箭两只与晟，请射取之。晟驰往，遇雕相攫（jué），遂一发双贯焉。"

释 雕：一种凶猛的大鸟。指射箭技术高超，一箭射中两只雕，比喻做一件事同时达到两个目的。

近义 一石二鸟 一举两得　　**反义** 事倍功半 鸡飞蛋打

南北朝时期，北周有个闻名天下的神箭手名叫长（zhǎng）孙晟（shèng），他最擅长的就是骑在飞驰的快马上拉弓射箭。

当时，北周的北边有一个少数民族突厥族，突厥族骁（xiāo）勇善战，经常侵犯北周的边境。北周的皇帝为了边境的安定，决定把公主嫁给突厥可汗（kè hán）摄图。摄图非常高兴，从突厥族挑选出最强壮的勇士作为迎亲的使者。北周的皇帝当

15 做事和方法 / 高效 · 一箭双雕

架。它们用爪子抓、用翅膀扇、用嘴巴啄，打得越来越激烈，凄厉的叫声响彻天空，不断有羽毛从空中飘落下来，场面十分震撼。

摄图来了兴致，递给长孙晟两支箭说："你能用两支箭把两只雕都射下来吗？"

"用两支箭算什么本事？一支就够了。"长孙晟接过一支箭，骑着马向前飞奔。马跑得像闪电一样快，要是换作平常人，早就摔下来了，但长孙晟却像粘在马背上一样，稳如泰山。他找准合适的位置后，举起弓箭，拉开弓弦，伴随着"嘭"的一声响，箭像子弹一样射了出去。只见两只雕的身子一怔，便从空中栽落下来。

"用一支箭把两只雕同时射了下来？"摄图简直不敢相信自己的眼睛。他打马跑到雕的跟前，顿时惊讶得目瞪口呆。原来，那两只雕像糖葫芦一样，被箭串在一起了。

摄图对长孙晟佩服得五体投地，让自己的子弟都跟着长孙晟学习射箭。

然也不能示弱，于是派长孙晟作为使者护送公主前往突厥。

在此之前，北周曾经派出几个使者出使突厥，但摄图看不起他们，对他们置之不理。而长孙晟文武双全、机警过人，一到突厥，就赢得了摄图的赏识。摄图不但大摆酒宴，用招待贵客的礼仪招待长孙晟，还邀请他在突厥住上一段时间。他们经常一起喝酒，一起讨论射箭的技巧，成了无话不谈的好朋友。

有一天，摄图和长孙晟一起去打猎，忽然，头顶上传来奇怪的声音：

哇哇哇……

咕咕咕……

原来是两只雕正在为争夺一块肉打

🌰 例句

🍃 胡统领早存了个得陇望蜀的心思，想慢慢施展他一箭双雕的手段。（清·李宝嘉《官场现形记》）

🍃 自己整理房间，既能锻炼独立生活的能力，又能帮妈妈减轻负担，真是一箭双雕。

9

对症下药

duì zhèng xià yào

宋·朱熹《朱子语类》:"'克己复礼',便是捉得病根,对症下药。"

释 医生针对患者病症用药。比喻根据具体情况决定解决问题的办法。

近义 有的(dì)放矢(shǐ)　　**反义** 无的放矢

东汉末年,战乱四起,水灾旱灾不断,导致各种疾病流行。人民生活在水深火热之中,苦不堪言。

有一位名叫华佗的医生把这一切看在眼里,急在心上。他刻苦钻研医术,背着药箱四处为穷苦的人们看病。他医术非常高明,常常能药到病除,所以被人们尊称为"神医"。

在诊病的过程中,华佗发现表面上看起来相似的病症,下面所隐藏的病根却千差万别,因此他每次诊病都不敢马虎,一定要找到病根,才肯开方抓药。

有一次,一个叫倪寻的人和一个叫李延的人同时来找华佗看病。

华佗问倪寻:"你哪里不舒服?"

倪寻说:"头痛发热。"

华佗又问李延,李延也回答:"头痛发热。"

华佗给倪寻诊脉之后,开了一剂泻药。接着他准备给李延诊脉,李延却把手缩进袖筒里说:"不用那么麻烦了,既然我和倪寻的病症一样,您按照他的方子也给我开一副药就行了。"

华佗说:"看病不能只看表面的症状,要找到病根才能把病治好。"

李延半信半疑地伸出胳膊,华佗仔细诊脉之后,开了一剂发汗的药。

"真奇怪,我们两个都是头痛发热,竟然要吃两种完全不同的药。"倪寻和李延拿着药,怎么也想不明白。

华佗耐心地解释道:"你们两个的病症只是表面上看起来一样,发病的根源却不同。倪寻头痛发热是因为吃东西不得当,导致食物积存在胃里没有消化,所以应该吃泻药。而李延的病症是由感冒引起的,需要吃药发汗才能好。"

倪寻和李延觉得华佗说得有道理,回家后照方吃药,果然很快病就好了。

15 做事和方法

高效·对症下药

例句

◆ 我想,假如作家们能够多写一些杂文,抓住问题,对症下药,是能够改进工作,提高工作效果的。(吴晗《多写一点杂文》)

◆ 这次足球比赛我们班输了,但大家不要灰心,只要找到问题的根源,对症下药,我们的队伍一定会越来越强大。

成语个性

本成语常见的连用形式有"对症下药,妙手回春""对症下药,药到病除""对症下药,一针见血""对症下药,有的放矢""因材施教,对症下药"。本故事出自晋代陈寿的《三国志·魏书·华佗传》。

量体裁衣
liàng tǐ cái yī

战国·墨翟(dí)《墨子·鲁问》:"子观越王之志何若?意越王将听吾言,用吾道,则翟将往,量腹而食,度身而衣,自比于群臣,奚能以封为哉?"

释 按照人的身材裁剪衣服。比喻根据实际情况办事。

近义 对症下药　　**反义** 削足适履

南朝时期，齐国有一个叫张融的人，他长得身材矮小，相貌丑陋，但人很机灵，口才也非常好，深受皇帝的器重和宠爱。

有一次，皇帝要召见张融，等了好久张融才来到殿上，皇帝不高兴地说："从门外进来就只有几级台阶，你怎么走了这么长时间？"张融指着头顶，不急不慌地说："皇上高高在上，就好像在天上一样。我要拜见皇上就像从地面升到天上，当然得走上一段时间了。"一句话逗得皇帝喜笑颜开，在场的大臣们都对张融的口才赞叹不已。

虽然当了大官，但张融非常俭朴，长年累月穿着一件旧衣服上朝。皇帝实在看不下去，就送给他一件衣服，并对他说："你的衣服已经又破又旧了，但你仍然在穿，这足以说明你是一个清廉的好官。可是穿着这样的衣服上朝太寒酸了，显得不太体面，把我这件衣服送给你吧。这是我以前穿过的，希望你不要嫌弃。"

"您这么关心我，我感激还来不及，怎么会嫌弃呢？可是……"张融看看皇帝，再瞧瞧自己，露出很为难的表情。

皇帝说："有什么话，尽管说吧！"

张融说："皇上您身材高大、仪表堂堂，我的个子这么矮，穿着您的衣服肯定不合适。恐怕您的衣服在我身上会受委屈呀！"

"我们认识这么长时间了，我怎么会不了解你呢？"皇帝笑着说，"放心吧，我已经让人按照你的身材重新裁剪过了，你穿着一定会非常合身的。"

张融顿时觉得心里非常温暖，捧着衣服半天说不出话来。

例句

你这次要办的不是小事，一点钱不花是不成，可怎么打点，也只能"看菜下箸（zhù），量体裁衣"。（刘斯奋《白门柳》）

我们购物的时候要量体裁衣，根据自己的经济情况合理消费，不要盲目跟风。

成语个性

量在这个成语中读作"liàng"，原指测量东西多少的器物，如升、斗等，后引申为衡量、估计。本成语故事出自南朝梁代萧子显的《南齐书·张融传》。本成语常见的连用形式有"量体裁衣，不落窠臼"，指按实际情况办事，独出心裁，自创一格；"因材施教，量体裁衣"，根据不同的学生施行不同的教育；"因地制宜，量体裁衣"，根据各地的具体情况采取适宜的措施。

按图索骥
àn tú suǒ jì

汉·班固《汉书·梅福传》："今不循伯者之道，乃欲以三代选举之法取当时之士，犹察伯乐之图求骐骥于市，而不可得，亦已明矣。"

释 索：寻找。骥：好马。按照图上画的样子去寻找好马。比喻按照死规矩机械、呆板地做事。也泛指依据一定的线索寻找目标。

近义 生搬硬套 胶柱鼓瑟 顺藤摸瓜 **反义** 茫无头绪 无从下手 大海捞针

春秋时期，秦国有一个叫孙阳的人，他有一个特别的爱好：研究各种各样的马。在那个时代，马在人们的生活中起着非常重要的作用，骑马打仗、运送货物等都要用到马。孙阳经常在想的问题就是：什么样的马适合拉车？什么样的马适合打仗？什么样的马适合打猎呢？

做事和方法 / 高效·按图索骥

通过多年的观察研究，孙阳练就了一副火眼金睛。只要一匹马从他面前经过，他立刻就能分辨出这匹马适合做什么。从成百上千的马匹当中，他能一眼看出哪一匹是上等的好马。凭着这身本领，孙阳为秦国挑选了许多好马，为秦国的发展壮大立下了汗马功劳，他自己也被封为"伯乐将军"。

后来，孙阳根据自己相马的经验写了一本《相马经》。书中详细介绍了好马的形态特征，还画有相应的配图。孙阳的儿子想学相马，孙阳就把《相马经》交给他，说："先把这本《相马经》背熟吧！"

孙阳的儿子翻开《相马经》，看到上面写着："好马的额头高、眼睛亮、蹄子大。"他喜出望外，心想：原来相马这么简单啊！于是兴冲冲地拿着《相马经》就出去寻找好马了。

走到半路，一只癞蛤蟆跳到跟前。他眼前一亮：这个小家伙额头很高、眼睛贼亮，虽然蹄子小了点儿，但肯定也是一匹好马。

"我找到好马了！"他捧着癞蛤蟆气喘吁吁地跑回家。

孙阳四处张望，没看见马的影子，便好奇地问："好马在哪里呀？"

他的儿子摊开手掌，把癞蛤蟆放在地上，癞蛤蟆呱呱叫着在地上跳了几下。"你看它的额头有多高，眼睛有多亮，跳起来的姿势有多么优美！按照《相马经》上所说，这就是一匹好马啊！只是蹄子有点儿小。"孙阳的儿子说。

孙阳气得鼻子都歪了，苦笑着说："恭喜你找到了一匹好马，可惜你这匹马太能跳了，恐怕骑上去会摔个四脚朝天啊。"

他的儿子还在沾沾自喜，围观的人们早已经笑破肚皮了。

🌰 例句

🍃 诸君但见拿破仑之成事，恐民国复有效之者，此无异昔人所谓按图索骥。（章炳麟《致张继于右任书》）

🍃 我家住在和平小区，你只要在手机上打开地图，按图索骥就能找到。

成 语 个 性

本成语故事出自明代杨慎的《艺林伐山》。"按图索骥"本指照着图像去找好马，比喻按照教条做事，不懂得变通，为贬义。但现在使用时，多指依据一定的线索去寻找事物，不含贬义。

坐不垂堂
zuò bù chuí táng

汉·司马迁《史记·袁盎晁错列传》:"臣闻'千金之子,坐不垂堂'。"

近义 谨小慎微 谨言慎行

反义 虎口拔牙 铤而走险

释 垂堂:靠近屋檐下的地方。不坐在靠近屋檐下的地方,怕瓦片坠落伤及身体。比喻不在有危险的地方停留。

袁盎（àng）是西汉时的一位官员，他个性刚直，敢说敢做，就算是皇帝犯了错，他也敢大胆地指出来。

有一次，汉文帝乘着马车到霸陵的山上视察工作。往回走的时候，正好是下坡路。当时汉文帝还很年轻，胆子也大，喜欢追求刺激。于是，他大声对驾车的随从说："让马跑快一点儿，我要从山坡上直冲下去。"

袁盎听见了，赶忙骑着马来到汉文帝的马车旁边，一脸严肃地说："皇上，您不能这么做。"

"为什么？这样多好玩啊！"汉文帝还要下令。袁盎却板着脸，死死拉住汉文帝马车上的缰绳，表情非常紧张。

汉文帝纳闷地说："只是一个小小的山坡，你用不着这么紧张。"

袁盎说："我听说，家里有一千斤黄金的人，从来不在屋檐底下坐着，因为害怕屋顶上的瓦片落下来砸伤自己；拥有一百斤黄金的人，从来不会靠着栏杆站在楼台上，因为害怕栏杆折断，失足坠落；贤明的君主，从来不会心怀侥幸做危险的事。连普通人都知道避开危险，珍惜自己的生命，您这么尊贵，更应该好好珍惜才对啊！"

"小题大做，只是从山坡上冲下去，哪有你说的那么严重。"汉文帝拉着脸，非常不高兴。

袁盎才不管皇上高兴不高兴，振振有词地说："您坐着六匹骏马拉的车子，万一马在半路上受到惊吓，不管不顾地飞奔起来，那么马车一定会翻。到时候，我们就算插上翅膀，恐怕也不能立刻飞过去保护您啊！您如果受伤了，我们的国家怎么办？您的母亲薄太后又由谁来照顾呢？所以，作为臣子，我奉劝您不要冒这个险。"

汉文帝终于被袁盎打动，放弃了冲下山坡的打算，让马车稳稳当当地缓缓下了山。

例句

● 家累千金，坐不垂堂。（汉·班固《汉书·司马相如传》）

● "坐不垂堂"这个成语教育我们要珍爱生命，时刻把安全记在心头，不把自己置于危险的境地当中。

成语个性

平时不要紧挨高楼站着，以防楼上人家窗台上的花盆等物品跌落；不要紧贴着围墙走路；大风天在街上行走，要提防广告牌、电线等物品被大风刮落……这些安全常识和"坐不垂堂"的道理都是一样的。

不入虎穴，焉得虎子

bú rù hǔ xué，yān dé hǔ zǐ

南朝宋·范晔《后汉书·班超传》："超曰：'不入虎穴，不得虎子。当今之计，独有因夜以火攻虏使，彼不知我多少，必大震怖，可殄(tiǎn)尽也。'"

释 焉：表示疑问，怎么。不进入老虎的巢穴，怎么能捉到小老虎呢？比喻不冒风险，就不能获得大的成功。

东汉时期，北匈奴控制了西域许多小国家，势力不断扩大，经常在东汉的边境挑起战争。朝廷派窦固率领大军攻打北匈奴。在战争中，窦固发现有个叫班超的人经常打胜仗，是个难得的人才，便派班超出使西域，试图说服西域各国的国王归顺东汉。

班超等人来到西域的鄯(shàn)善国，一开始，鄯善王对他们非常热情，好酒好肉地款待。可是没过两天，鄯善王的态度就来了个大转弯，对他们不理不睬，还总是想方设法地躲着他们。

班超对部下说:"如果我没有猜错的话,一定是北匈奴的使者来了。北匈奴和我们都要拉拢鄯善王,鄯善王拿不定主意,所以才故意躲着我们。"但事实究竟是不是这样呢?班超决定从招待他们的鄯善国仆人身上打探一下。

这天,仆人来给他们送饭的时候,班超突然问仆人:"北匈奴的使者住在哪里?我想去见见他们。"

仆人不知道这是班超的计策,就把北匈奴使者住的地方告诉了他。为了防止仆人回去报信,班超让人把他关押起来。接着,他把部下都召集过来,请大家喝酒。等大家喝到兴头上,班超站起来,慷慨激昂地说:"大家和我来到这偏远之地,都是想立下大功、求取富贵的。现在,北匈奴的使者才来几天,鄯善王就对咱们不管不顾。说不定接下来,他还会把咱们全都绑起来送给北匈奴当礼物呢!"

大家一听,顿时火冒三丈,齐声说:"绝对不能让他们得逞!"

"那你们就得听我的!"班超说,"不入虎穴,焉得虎子?我要带领大家攻进北匈奴使者的营地,把他们全部消灭,断了鄯善王和他们结交的念头。"

这天晚上,天上刮起了大风。班超率领将士们直奔北匈奴使者居住的地方,顺风放火,敲鼓呐喊,北匈奴的营地顿时火光冲天,乱作一团。北匈奴的人吓得四处逃窜,还没弄明白发生了什么事,就全都被杀死了。鄯善王十分震惊,只好答应归顺汉朝,为了表示诚意,还把自己的儿子作为人质送到东汉。

班超立了大功,皇帝对他赞赏有加,后来又一次派他出使西域。班超在西域生活了三十一年,为国家的安定团结做出了巨大贡献。

例句

🍂 危险当然总是有的,但"不入虎穴,焉得虎子",不冒点险,怎能飞出"孤岛"去呢?(王火《战争和人》)

🍂 不入虎穴,焉得虎子。不冒险尝试,怎么能收获甜美的果实呢?

成语个性

注意"穴"的读音,是第二声。班超一家出了几个历史名人,他的父亲班彪、哥哥班固、妹妹班昭都是著名的历史学家。班超年轻时做过一段时间的抄写工作,后来转而投军,"投笔从戎"说的就是他的故事。

做事和方法 / 冒险・不入虎穴,焉得虎子

坐山观虎斗
zuò shān guān hǔ dòu

汉·司马迁《史记·张仪列传》："两虎方且食牛，食甘必争，争则必斗，斗则大者伤，小者死。从伤而刺之，一举必有双虎之名。"

释 坐在山上看老虎打斗。比喻对双方的争斗采取旁观的态度，等到双方都受到损伤，再从中捞取好处。

近义 作壁上观 隔岸观火 鹬蚌相争，渔翁得利　**反义** 排难解纷 息事宁人 拔刀相助

陈轸（zhěn）与张仪都是战国时著名的纵横家，两人一起为秦惠文王做事。他们都想凭借出色的口才得到秦惠文王的赏识。张仪害怕陈轸得到重用，就偷偷对秦惠文王说陈轸想要去楚国。秦惠文王信以为真，气愤地把陈轸赶出秦国，封张仪做了宰相。陈轸一气之下，真的去了楚国。

有一年，楚国的国君派陈轸出使秦国。秦惠文王见到他，轻蔑地说："你在楚国升官发财了，有没有想我呀？"

陈轸说："一个人是不是思念家乡，要看他生病的时候说的是不是家乡的语言。我虽然身在楚国，但我生病的时候，嘴里就会不由自主地说出秦国话来。这足以说明，我的心里是时时刻刻想念着您，想念着秦国的啊！"

秦惠文王听了非常高兴，他向陈轸请教说："最近有一件事让我心烦意乱，大臣们又给不出好的建议，想请你帮我出出主意。"

"您尽管说吧，我一定会尽全力帮您的。"

"最近韩国和魏国一直在打仗，总也分不出胜负。你觉得我这个时候应不应该派兵去支援他们其中一方呢？"

陈轸摇了摇头，说："从前有个叫卞（biàn）庄子的勇士，看见一只大老虎和一只小老虎正在吃一头牛，就想拿剑刺杀它们。这时有个人劝他说，'现在还不是时候。你要耐心等待，这两只老虎吃着吃着，一定会因为肉味甘美而你争我夺，打起架来。最后小老虎肯定会被咬死，大老虎也会受伤，这时你只要杀死大老虎，就可以轻而易举得到两只老虎了。'卞庄子按照那个人说的去做，果

15 做事和方法 / 旁观·坐山观虎斗

然不费吹灰之力就得到了两只老虎。现在韩国和魏国就像故事中的两只老虎，而您就是卞庄子啊！"

"啊，我明白了！"秦惠文王说，"你的意思是说，就让韩国和魏国接着打，到他们两败俱伤的时候我再出兵，就能一次打败两个国家了。"

陈轸微笑着点点头。后来，秦惠文王按照陈轸说的去做，果然轻而易举地就打败了韩魏两国。

例句

🍂 有的主张先等张发奎和桂系军阀火并后再动手，来他个坐山观虎斗，等到他们两败俱伤，咱们不妨来个渔翁得利。（朱道南《在大革命的洪流中·广州起义》）

🍂 当行业内两大巨头展开激烈竞争时，这家公司正在一旁坐山观虎斗。

成语个性

大多数成语都是由四个字组成的，但并不是所有成语都是四个字。实际上，除了四字成语，还有三字成语、五字成语、六字成语、七字成语、八字成语等，比如："莫须有""闭门羹""坐山观虎斗""士可杀不可辱""牵一发而动全身""不入虎穴，焉得虎子"，等等。

负荆请罪
fù jīng qǐng zuì

汉·司马迁《史记·廉颇蔺相如列传》:"廉颇闻之,肉袒负荆,因宾客至蔺相如门谢罪。"

释 负:背着。荆:荆条,古代用来鞭打人的刑具。背着荆条向对方请罪。表示主动向对方承认错误,请求责罚。

近义 引咎(jiù)自责

反义 兴师问罪

战国时期,赵国有一位大将军名叫廉颇,他勇猛善战,战功赫赫,被赵王封为上卿。

有一次,赵国得到了珍贵的和氏璧。秦王提出要用十五座城换取和氏璧,赵王派蔺(lìn)相如带着和氏璧去拜见秦王。蔺相如察言观色,发现秦王根本没打算用城池来交换和氏璧,于是和秦王斗智斗勇,把和氏璧完好无损地带回了赵国。

后来,秦王想和赵王在渑(miǎn)池这个地方和谈。赵王害怕秦王,不敢去。蔺相如说:"您不必害怕,有我陪着您呢!"于是,赵王带着蔺相如来到渑池。会谈过程中,秦王几次三番地想要羞辱他们,蔺相如凭着自己的聪明机智,反把秦王羞辱了一番。赵王扬眉吐气,回去后就把蔺相如也封为上卿,地位还在廉颇之上。

廉颇知道后非常不高兴:"我打了那么多胜仗,才当上了上卿。蔺相如有什么本事?他只不过陪着赵王说了几句话就当上了上卿,地位比我还高。我要是见到他,一定要和他理论理论。"

廉颇的话传到了蔺相如的耳朵里,蔺相如便处处躲着他,就连要上朝时也故意装病不去,尽量避免和廉颇碰面。有一天,蔺相如坐着马车出门,走到路口忽然看见廉颇正往这边来,赶紧命令随从调转车头往回走。

随从不满地说:"您的官位比廉颇大人还高,为什么一看见他,就好像老鼠见了猫似的?"

蔺相如笑着说:"你觉得廉颇大人和秦王相比,谁更厉害?"

"那还用说,当然是秦王。"随从回答。

蔺相如说:"我连秦王都不怕,怎么会怕廉颇大人呢?"

"那您为什么总是躲着他?"

"我和廉颇都是朝廷的重臣,有我们陪在赵王身边,秦王就不敢轻举妄动。如果我们两个不和睦,传到秦王耳朵里,肯定会对赵国不利。为了赵国的安定,我受这点儿委屈又算什么呢?"

廉颇知道后,心想:蔺相如躲着我,我还以为是因为怕我呢!原来他是在为国家考虑啊!我真是太糊涂了。于是,他光着上身、背着荆条来到蔺相如面前,愧疚地说:"我这个人心眼儿太小了,希望您不要跟我计较。"

蔺相如双手搀起廉颇,两个人重归于好,同心辅佐赵王。

例句

- 我今特来寻贤弟,负荆请罪。(明·施耐庵《水浒传》)
- 是我错怪姐姐了,我应该向她负荆请罪。

成语个性

蔺相如凭借自己的智慧,从秦国带回和氏璧的故事也衍生出一个成语——完璧归赵,用来指把物品完好无损地归还给原主。

闭门思过
bì mén sī guò

汉·班固《汉书·韩延寿传》："是日移病不听事，因入卧传舍，闭阁思过。"

释 过：过失。关起门来反省自己的过错。指不跟别人接触，进行自我反省。

近义 反躬自省　　**反义** 执迷不悟

西汉时期，有一个官员名叫韩延寿，他为官清廉，崇尚礼仪，每到一个地方做官，都会教当地的百姓彼此以礼相待、和睦相处。

15 做事和方法 / 自省·闭门思过

有一次，韩延寿在街上巡视，忽然有两个人跑过来拦住了轿子，大声呼喊道："大人，请为我们做主。"

韩延寿停下轿子，问道："你们有什么冤情啊？"

其中一个人说："我们俩是亲兄弟，我是哥哥，他是弟弟。我们的父母在世时把一块耕地分给了我，可是父母刚过世，弟弟就要把地抢走。"

弟弟说："大人，我哥哥在撒谎！那块地本来就是父母留给我的，是哥哥不讲理，硬抢去耕种了。"

韩延寿问："你们的父母可曾立下字据？"

兄弟俩摇摇头，哥哥说："父亲亲口对我说过要把地留给我。"

弟弟说："母亲最疼我，怎么会把地给你呢？"

兄弟二人各执一词，谁也不肯让步。韩延寿看着他们争得面红耳赤的样子，心里很不是滋味。"唉，如果他们懂得以礼相待，就不会为一块地争来争去了。这都怪我没把工作做好啊！"想到这里，韩延寿摇摇头，闷闷不乐地回家了。

回到家，韩延寿把自己关在房间里，茶不思饭不想，每天反省自己哪里做得还不够好。这事很快就传开了，底下的官员也向韩延寿学习，一起闭门思过。

兄弟俩听说后，十分惭愧。哥哥说："高高在上的大人都知道反思自己的过错，我们也应该好好反思一下。""是啊！"弟弟说，"我们不应该为了一块地争吵。"

于是，兄弟俩和好如初，主动找到韩延寿承认错误。

韩延寿高兴地说："你们能主动认识到错误，我从心里为你们感到高兴。你们本来就是亲兄弟，应该相亲相爱才对，何必为了一块地伤了兄弟之间的感情呢？"

兄弟俩羞得满脸通红，从此以后互相礼让，再也没有争吵过。

例句

🍂 小仙自知身获重罪，追悔莫及，惟有闭门思过，敬听天命。（清·李汝珍《镜花缘》）

🍂 小玲因为粗心做错了三道数学题，正在闭门思过呢。

成语个性

这个成语最早为"闭阁思过"，后来使用时多写成"闭门思过"。常见的连用形式有"闭门思过，痛改前非"。

知易行难
zhī yì xíng nán

《尚书·说命中》："说拜稽（qǐ）首曰：'非知之艰，行之惟艰。'"汉·孔安国传："言知之易，行之难。"

释 懂得事情的道理容易，做起来却很难。　**近义** 谈何容易　**反义** 知难行易

春秋时期，晋国的国君晋平公去世了，他的儿子晋昭公继承了君位。郑国国君派公子子皮到晋国去吊唁（yàn）。子皮说："我们不是一直想和晋国拉近关系吗？现在就是个好机会啊！"

"你想到好办法了？"相国子产问道。

子皮说："我去吊唁的时候带上一批金银送给晋昭公，他一定会非常高兴，对我们的态度也就不一样了。"

相国子产却说："你这样做一点儿用也没有。就算你把带去的金银都花光了，晋昭公也不会见你的。"

子皮不服气地说："这个世界上谁会不喜欢金子和银子呢！我知道这件事该怎么做。"

子产苦口婆心地劝他说："要想和晋国拉近关系，我们可以想想更好的方法，用金银真的没有用。再说了，送金银的话得用一百辆车子运送，护送车辆又需要一千人。一千人的队伍到晋国

去，如果一时半会儿回不来，财物在那儿就会用光。这样上千人的送礼队伍出去个几次，国家还有不灭亡的？"

可子皮不听劝告，还是带着千人护送的金银财礼去了晋国。

到了晋国，参加完晋平公的葬礼后，子皮让人禀报新继位的晋昭公，请求拜见，说要送给他一份大礼。晋昭公知道子皮的来意，便对随从说："告诉子皮，我现在正在为父亲服丧，不方便接待客人，让他回去吧！"

随从把晋昭公的话告诉子皮，子皮还是不肯放弃，一次又一次地请求拜见晋昭公，但都被晋昭公婉言谢绝了。日子一天天过去，带来的金银全部花完了，子皮也没能见上晋昭公一面。

子皮狼狈不堪地回到郑国，愧疚地说："我真后悔当初没有听子产先生的劝告。事情往往是看着简单，做起来难。这个道理子产先生早就明白，是我太贪心了，只想着立功，所以落得这样的结果。唉，真是活该啊！"

例句

🌰 现在提出这问题，盖亦知易行难，遂只得空口说白话，而望垦辟于健者也。（鲁迅《准风月谈·我们怎样教育儿童的？》）

🌰 尽管大家都知道痴迷手机游戏危害十分严重，也想戒掉这个坏习惯，但真正做起来才知道"知易行难"。

成语个性

本成语故事出自《左传·昭公十年》。生活中有很多事情看起来容易做起来难，这个时候就可以用"知易行难"来形容。

做事和方法

困难·知易行难

发蒙振落

fā méng zhèn luò

汉·司马迁《史记·汲郑列传》："至如说丞相弘，如发蒙振落耳。"

释 发：打开。蒙：物体上的遮盖物。振：摇动。落：快要掉落的树叶。把蒙在物体上的东西揭掉，把将落的树叶摇下来。比喻做事情不费力气，轻而易举。

近义 如汤沃雪 轻而易举 易如反掌　**反义** 举步维艰 好事多磨

汲黯（jí àn）是汉武帝时期的大臣，他为人耿直，说话从来不拐弯抹角。如果有人犯了错，不管是达官贵族还是皇亲国戚，汲黯都会当面指出来。

当时，御史大夫张汤建议汉武帝修改国家的法律。汲黯知道后，当着汉武帝和文武大臣的面，指着张汤的鼻子说："你身为朝廷命官，不为皇上排忧解难，也不为百姓们尽心做事，却整天叫嚷着要修改法律。你以为你是谁呀？你有什么资格修改祖宗制定的法律？"张汤气得咬牙跺脚，却拿汲黯一点儿办法也没有。

汲黯不但敢责骂像张汤这样的大臣，指责起汉武帝来也不留一点儿面子。

有一次，汉武帝把文武大臣们召集到一起，商量推行儒家学说的事。"我作为一国之君，应该起到表率作用。因此我给大家表个态，从此以后我一定要以仁义治理天下……"汉武帝的话还没说完，汲黯就大声说："陛下，您嘴上说着仁义道德，心里的欲望却那么多，这样怎么可能取得尧、舜那样的政绩呢？"

在场的大臣们都吓坏了，有的给汲黯使眼色，有的拉扯汲黯的衣袖，还有的小声提醒汲黯赶紧给皇上赔礼请罪，但汲黯根本不理会他们，还要接着说下去。汉武帝的脸上布满阴云，瞪圆了眼睛，猛地一拍桌子，大喊一声："退朝！"

汉武帝走后，大臣们好心提醒汲黯："你说话这么耿直，早晚会惹出祸来。"汲黯理直气壮地说："皇帝让我们做官，难道只是为了听我们说好话吗？作为一个忠实的臣子，看见皇帝做了错事，就要及时指出来，才能帮助他改正啊！"

汲黯耿直的性格赢得了汉武帝的赞赏，而那些做坏事的人则十分害怕汲黯。

有一年，淮南王准备造反，他对手底下的人千叮万嘱说："这件事千万不要让汲黯知道，汲黯不但不会被我们收买，反而会跟我们拼命。"

"那丞相公孙弘呢？"有人问。

"哼！"淮南王轻蔑地说，"对付公孙弘，就像揭开东西上蒙的布，振落树上的枯叶那么容易，没什么可怕的。"

从这件事就可以看出，汲黯当时在朝廷中有着多高的威望和震慑力。

做事和方法／轻松·发蒙振落

例句

🍂 以我之强，视燕之弱，真摧枯拉朽，发蒙振落，何足为虑。（明·张凤翼《灌园记·齐王拒谏》）

🍂 完成这个任务对于他来说，就像发蒙振落、探囊取物一般。

成语个性

本成语常见的连用形式有"摧枯拉朽，发蒙振落"。

迎刃而解

yíng rèn ér jiě

唐·房玄龄《晋书·杜预传》:"今兵威已振,譬如破竹,数节之后,皆迎刃而解。"

释 解:分开。比喻主要问题解决了,次要问题就很容易解决。也指处理事情、解决问题非常顺利。

近义 轻而易举

反义 百思不解

杜预是西晋时期著名的政治家、军事家,他博学多才,善于带兵打仗,是个难得的人才。

这一年,杜预奉命攻打吴国。到了吴国的重要城市——长江中游北岸的江陵,杜预发现这里防守严密,一时半会儿很难攻打下来,于是改变策略,派兵把江陵团团包围,切断江陵和外界的一切联系。这样一来,驻扎在其他地方的吴军以为杜预的目标是夺取江陵,就都放松了警惕。

杜预抓住机会,派出精兵强将在夜里渡过长江,偷袭南岸的一个城镇。他们一到那里,就在山上点火、呐喊,吴军摸不清情况,顿时乱作一团。吴军都督孙歆(xīn)从梦中惊醒,手忙脚乱,不知道该怎么办才好。

正好在这个时候,有一支吴军从外面返回来。晋兵趁机混进这支队伍,顺利进入吴军的兵营。当晋军把刀架在孙歆的脖子上时,孙歆吓得魂飞魄散,乖乖投降了。之后,杜预乘胜追击,又攻下了江陵,占领了荆州。

杜预精神大振,激动万分地说:"兄弟们,接下来我们一起攻进吴国的都城怎么样?"

将领们苦笑着摇摇头,都不说话。

杜预说:"你们有什么意见?尽管说出来吧!"

人群中有个声音说:"我们这些天一直在打仗,已经非常疲惫了。而且天气越来越热,雨水也越来越多,大家都有些水土不服,身体不太舒服。在这样的情况下去打仗,恐怕会吃亏啊!"

"你说得非常有道理。"杜预说,"但最近吴军一连吃了几个败仗,气势大减,甚至一听到我们的名字就浑身发抖。而我们虽然有点儿累,但气势高涨。打仗就像劈竹子一样,只要上面劈开了几节,下面的就会迎着刀刃顺顺当当地分开了。决战还没开始,吴军就已经败了一半,我们怎么能让这么好的机会白白溜走呢?"

于是,将士们振奋精神,在杜预的带领下一路东进。最后,晋军攻下了吴国都城建业,吴国灭亡。

例句

- 只要这位教士到场,任你事情如何棘手,亦无不迎刃而解的。(清·李宝嘉《官场现形记》)
- 爸爸是我心目中的大英雄,不管多难的问题在他那儿都能迎刃而解。

成语个性

这个成语的完整说法是"势如破竹,迎刃而解"。"势如破竹"和"迎刃而解"都可以单独使用,指事情进行得很顺利。"势如破竹"多用于战争,"迎刃而解"多用于解决问题。常见的连用形式有"不攻自破,迎刃而解"。

唾手可得
tuò shǒu kě dé

宋·欧阳修、宋祁《新唐书·褚遂良传》:"但遣一二慎将,付锐兵十万,翔旝（kuài）云輣（péng）,唾手可取。"

释 唾手：往手上吐唾沫。比喻毫不费力就可以得到。

近义 如拾地芥　　**反义** 大海捞针

唐朝时期,我国的国力十分强大,周围的小国纷纷向唐朝进贡,表示愿意和大唐保持友好的关系,高丽国就是其中的一个国家。

15 做事和方法

轻松·唾手可得

有一年，高丽国发生内乱，大臣渊盖苏文起兵造反，杀死了高丽王。接着，他率兵攻打旁边的新罗国，新罗国的国王向大唐的皇帝唐太宗请求援助。唐太宗派出使者与渊盖苏文谈判，希望他停止杀戮（lù），和平相处，但被渊盖苏文一口拒绝了。

唐太宗气得火冒三丈，拍着桌子说："渊盖苏文太狂妄，太目中无人了！"

大臣们纷纷附和道："竟然不把大唐皇帝放在眼里，真是个不知天高地厚的家伙，一定要好好教训教训他！"

唐太宗腾地从椅子上站起来，说道："我要亲自率兵攻打高丽国。"

这时，一个叫褚（chǔ）遂（suì）良的大臣说："皇上，您千万不能冲动啊！一旦打起仗来，刀箭可不长眼，万一伤到您，那可不得了。"

"不，我要亲自杀杀渊盖苏文的威风，让他知道我们大唐的厉害。"

唐太宗正在气头上，褚遂良知道劝也劝不住，于是话锋一转说："要我说，攻打高丽根本用不着您亲自动手，只要派出一两名谨慎的将领，率领精兵十万，带上大批战车，打败高丽就像往手上吐口唾沫一样容易。但这样的小事，也显不出您的威风啊！"

这句话说得唐太宗心里非常舒服，气也消了一大半。但他并没有听褚遂良的劝告，还是亲自带兵出征，结果失败而归。

不过，唐太宗觉得褚遂良正直敢言，对他越发信任，临死前还把自己的儿子唐高宗托付给他。

例句

● 不如暂且收军，只须如此如此，长安唾手可得。（明·罗贯中《三国演义》）

● 世界上没有唾手可得的成功，想要干出一番事业，必须付出艰苦的努力。

成语个性

另有一个成语"垂手可得"，并不是"唾手可得"的错写，字面意思是垂下双手，什么也不用做，也指毫不费力就可以得到。

33

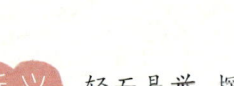

易如反掌 yì rú fǎn zhǎng

战国·孟轲《孟子·公孙丑上》：『以齐王，由反手也。』汉·赵岐（qí）注：『以齐国之大，而行王道，其易若反手耳。』

释 像翻手掌那样容易。比喻事情非常容易办到。

近义 轻而易举 探囊取物 手到擒来　　**反义** 谈何容易 大海捞针 来之不易

西汉时期，全国分封了许多诸侯国。这些诸侯国隶属于朝廷，要统一听从朝廷的命令和安排。但是时间一长，诸侯国的势力渐渐壮大，胆子也大起来，不再对皇帝唯命是从，甚至还想造反。汉景帝在位的时候，就遇到了这样的事。

当时，在众多的诸侯国当中，吴国发展最快，吴王刘濞（bì）觉得自己非常能干，心想："像我这样有能力的人，应该当皇帝啊！"他越想越激动，于是，真的打算起兵造反。

这个消息很快就传到了汉景帝耳朵里，汉景帝忧心忡忡地对大臣们说："吴王刘濞要造反，你们有什么好办法对付吗？"

一个叫晁（cháo）错的大臣说："诸侯国的势力越来越大，难免会生出异心，吴王刘濞也许只是一个开始。"

"这正是我所担心的啊！"汉景帝说。

晁错说："要是不想让同样的事情再次发生，应该尽快削弱诸侯国的势力，这样他们才能永远听朝廷的话。"

汉景帝采纳了晁错的建议，逐步削减各诸侯国的领地。吴王刘濞看到自己的利益马上就要保不住了，赶紧和其他诸侯王商量造反的事。

刘濞手下有一个叫枚乘的人，觉得造反这件事不会成功，于是对刘濞说："造反可不是您想的那么简单，要想成功比登天还难呢！如果您改变主意，皇帝会非常高兴，那么您吴王的位子就能保住了。趁现在行动还没有开始，您要想改变主意，就像翻翻手掌一样容易。请您再仔细考虑一下吧！"

刘濞正在兴头上，根本听不进枚乘说的话，不久之后就打着"为皇帝清理奸臣"的幌子，起兵造反了。他把所有的罪责都推到晁错身上，对汉景帝说这一切都是晁错出馊主意造成的。汉景帝仔细想想，觉得刘濞说得有道理，就把晁错杀了，还主动向刘濞和其他诸侯王道歉。

这时枚乘对刘濞说："皇帝没有跟您计较，还向您赔礼道歉，您这个时候应该主动退兵，回吴国好好做您的吴王。"

"退兵？那是胆小鬼干的事。"刘濞挺着胸脯说，"我要带兵杀进皇宫。"

刘濞被胜利冲昏了头脑，更加肆无忌惮地和朝廷作对。汉景帝终于忍无可忍，派大将军周亚夫镇压叛军，杀死了刘濞。

例句

🍂 藩台又叫首府、首县写信出去，向外府、县替他张罗，大约一二千金，易如反掌。（清•李宝嘉《官场现形记》）

🍂 班长身强体壮，搬起这张桌子易如反掌。

成语个性

本成语故事出自西汉枚乘的《上书谏吴王》。"易如反掌"和"轻而易举"都表示事情容易办，但在否定句中，一般用"轻而易举"，不用"易如反掌"，比如：冠军的奖杯，不是轻而易举就能得来的。

胸有成竹
xiōng yǒu chéng zhú

宋·苏轼《文与可画筼筜（yún dāng）谷偃竹记》："故画竹，必先得成竹于胸中。"

释 成：现成的。画竹子之前心里先有了一幅竹子的形象。比喻做事之前已经有了全面的谋划打算。

近义 胜券在握　心中有数
反义 茫无头绪　心中无数

文与可是北宋时期著名的画家，他画的竹子活灵活现，起风的时候，一片片叶子好像都能随风轻轻舞动。这样的技艺可不是一天练成的，为了画好竹子，文与可下了不少功夫。

文与可的家附近有一片竹林，他经常钻进竹林里观察竹子，一待就是一整天。哪棵竹子长高了，哪片叶子长大了，哪棵竹子的纹理发生了变化，都逃不过他的眼睛。无论昼夜寒暑，还是风霜雨雪，他都会坚持观察，就是为了了解竹子在不同时间、季节、天气中的状态。

有一次,文与可正在家中读书,一阵狂风忽然吹过,顿时电闪雷鸣,雨点像豆子一样从天空洒下来。在外面忙碌的人们慌了手脚,纷纷抱着脑袋往家跑。

文与可看着眼前的情景,兴奋地尖叫起来:"哎呀!我要去看看竹子!"说完,他随手抓起一顶草帽就往外跑。

家人拉住他,又急又气地说:"这么大的雨,大家都急着往家赶,你怎么偏偏往外跑?"

"你不懂,"文与可激动地说,"竹子在这种天气里,一定会呈现出非常特别的状态,我要亲自去看看。"话音还没落,他已经冲进了暴风雨里。

雨水流进眼睛里,看不清脚下的路,文与可一不留神跌倒在泥坑里。好心人劝他说:"雨太大了,赶紧回家吧!"

"不不,我不能错过这么好的机会。"文与可挣扎着从地上爬起来,深一脚浅一脚地跑进竹林里。

风越刮越猛,雨越下越大,竹林里的竹子东倒西歪,猛烈地摇晃着。文与可把手搭在额头上,目不转睛地看着,把竹子在暴风雨中的状态牢牢地记在心里。

通过细致入微的观察,文与可再画竹子的时候,总是提笔就画,一气呵成。人们问他画竹子的诀窍,文与可说:"其实也没有什么特别的,只不过在画竹子之前,我胸中就已经有了完整的竹子形象。提起画笔,对着画纸凝神而视,纸上就已经出现了要画的竹子,这时需要做的就只是用笔快速把它描摹出来了。"

例句

🍡 作家必须先胸有成竹地知道了人物的一切,而后设身处地地写出人物的话语来。(老舍《我怎样学习语言》)

🍡 考试之前做好充足的准备,才能胸有成竹地走进考场。

成语个性

也写作"成竹在胸"。常见的连用形式有"泰然自若,胸有成竹""胸有成竹,不动声色"。

三令五申

sān lìng wǔ shēn

汉·司马迁《史记·孙子吴起列传》:"约束既布,乃设斧钺(yuè),即三令五申之。"

释 令:命令。申:申明,说明。指多次命令或告诫。

近义 千叮万嘱

  孙武是春秋时期著名的军事家。有一天,他带着自己所写的《兵法》拜见吴王阖闾(hé lú)。阖闾看过之后非常欣赏,对孙武说:"你的十三篇《兵法》我全都看完了,能用这里面的方法训练一下我的士兵吗?"孙武说:"可以。"阖闾又问:"宫女也能按上面的方法训练成合格的士兵吗?""当然了。"孙武拍着胸脯回答。

于是，阖闾挑选出一百八十名宫女，孙武把她们分成两队，并让阖闾的两位宠妃当两个队的队长。

正式训练开始了，孙武问宫女们："你们知道自己的前心后背和左右手在什么位置吗？"宫女们回答："知道。"孙武接着对她们说："我发口令说向前，就是要朝向心所对的方向；向左转，要往左手的方向转；向右转，要往右手的方向转；向后转，要往自己后背的方向转。"

把规则说清楚后，孙武让人在阵前摆上了斩人的刑具，然后击鼓发出向右转的指令。可是，宫女们不但不按指令行动，反而哈哈大笑起来。孙武说："这次是我没把指令解释清楚，这是我的责任。"说完他又三令五申，把刚才的指令重新解释了一番。

当孙武再一次击鼓发出向左转的指令时，宫女们还是大笑不止。"上一次是因为我没把指令解释清楚，现在已经明确了指令还不执行，就是你们的错了。"孙武十分气愤，下令将两位队长斩首。

阖闾在台上看得正起劲儿，忽然见孙武要斩自己的两个妃子，赶忙求情说："我已经知道你会用兵了。但这两个人是我的爱妃，没有她们，我连饭都吃不下去，还是别斩了吧。"孙武义正词严地说："既然让我训练她们，就得听我的命令。"说完便命人斩了两位队长，并重新选出两位宫女当队长。

宫女们知道了孙武的厉害，再也不敢儿戏了。重新开始操练时，两队宫女不管是向左向右、向前向后，还是起立跪下，都完全按照指令来，动作规范、整齐划一，再也没有人敢吭一声。

这样训练了一段时间，孙武对阖闾说："大王，女兵已经训练好，就算您让她们赴汤蹈火，她们也不敢违抗命令。"

阖闾虽然因为失去了两位爱妃心里很不高兴，但对孙武的才干心服口服，于是封他做了大将军。

15 做事和方法／强调·三令五申

🌰 例句

🌰 昨已三令五申，命汝等各处坚守，俱不遵吾命，何也？（明·罗贯中《三国演义》）

🌰 放暑假前，老师三令五申，不许私自下河游泳。

成 语 个 性

类似于"三令五申"，第一、三字为数字，第二、四字为一组近义词或反义词，这已经形成了一种固定的成语结构，如：三长两短、三言两语、三番两次、三心二意、三朋四友、三年五载、三番五次、三茶六饭、三姑六婆、三亲六故、三头六臂、三灾八难、三教九流、七拼八凑、七上八下、七手八脚、七嘴八舌，等等。其中的数字一般不指具体的数目，而是泛指多次、多个。

视同儿戏

shì tóng ér xì

汉·司马迁《史记·绛侯周勃世家》："曩（nǎng）者霸上、棘门军，若儿戏耳，其将固可袭而虏也。"

释 把事情当成小孩做游戏一样来对待。比喻做事不严肃、不认真。

近义 等闲视之 满不在乎 漫不经心
反义 郑重其事 一丝不苟 全力以赴

西汉时，匈奴在边境发动战争。汉文帝担心战火会烧到都城长安，便派三个大将军带着自己的部队分别驻守在霸上、棘门和细柳这三个地方。

一天，汉文帝想亲自去军营里慰问士兵，鼓舞士气。他来到霸上，守门的士兵一见是皇帝的车，赶忙打开了军营大门。汉文帝说："你们应该先去禀告将军，等候他的命令再开门！"士兵说："您是皇上，用不着。"汉文帝听了却皱起眉头，有点儿不高兴。

到了棘门，还是同样的情况。士兵们私自打开营门，把汉文帝迎了进来。而且，到汉文帝站在将军面前的时候，将军竟然连衣服都没穿好。汉文帝叹了口气，闷闷不乐地去了细柳。

驻守细柳的是大将军周亚夫。汉文帝的车驾一到营门外，就被守门的士兵拦住了。"前面是军事重地，闲杂人等不能进入。"士兵一脸严肃地说。

汉文帝的随从说:"这是当今皇上,特意来慰问你们,赶快把门打开!"

士兵却说:"没有将军的命令,皇上来了也不能开门。请你们在这里稍等一会儿,我派人去禀告将军。"

敢让皇帝吃闭门羹,这个人的胆子可真大!随从又急又气,要责骂士兵,但被汉文帝拦住了。

过了好一会儿,门开了,士兵恭恭敬敬地说:"陛下,将军已经下令,请您进营。"

汉文帝的马车进门后,士兵又说:"军营中不能让车马跑得太快,请您让马慢慢地走。"

随从气得鼻子都歪了,但汉文帝的脸上却露出了一丝笑容,让车夫拉着缰绳,不让马走得太快。

到了将军居住的帐篷前,周亚夫穿戴着全副盔甲,没有向汉文帝下跪,而是行拱手礼。随从心想:周亚夫这么不尊敬皇上,皇上肯定非常生气。没想到,汉文帝喜笑颜开,拉着周亚夫的手说:"你才是一位真正的将军啊!"

随从越听越糊涂,在回去的路上问汉文帝为什么不生周亚夫的气,汉文帝说:"保护长安的安全,这是多么重要的事啊!可是霸上和棘门的两位将军却把这当成小孩子做游戏,一点儿也不放在心上,如果敌人来偷袭,他们必定会失败。而周亚夫尽职尽责,严密防守,我应该奖励他才对啊,为什么要生气呢?"

例句

🍀 所以说为官做吏的人,千万不要草菅(jiān)人命,视同儿戏。(明·凌濛初《初刻拍案惊奇》)

🍀 大家要严格遵守交通规则,千万不能视同儿戏。

成语个性

也写作"视如儿戏""视为儿戏"。

做事和方法 / 漠视·视同儿戏

代人捉刀
dài rén zhuō dāo

南朝宋·刘义庆《世说新语·容止》:"既毕,令间谍问曰:'魏王何如?'匈奴使答曰:'魏王雅望非常,然床头捉刀人,此乃英雄也。'魏王闻之,追杀此使。"

释 代别人做事,多指写文章。

东汉末年,匈奴的使臣出使汉朝,想要拜见当时掌握着朝廷实权的魏王曹操。

曹操心想:匈奴突然派使臣来,说不定在打什么鬼主意,这次的会面一定要展示一下我大汉的气势,让他们不敢轻举妄动。他在镜子前走来走去,看到镜子中的自己:相貌丑陋,身材矮小,一副貌不惊人的样子。曹操失望地摇摇头:"唉,我的样子看起来不够威武,没有多大的威慑力啊!"他皱着眉头苦思冥想,终于想到一个好主意。

会见使臣的日子到了,曹操让他的部下崔琰(yǎn)穿上王服,假扮成魏王,坐在床榻上,自己却打扮成侍卫的模样,拿着刀站在旁边。崔琰长得高大帅气,威武不凡,跟匈奴使臣说起话来不卑不亢,尺寸把握得非常恰当。匈奴使臣也一直毕恭毕敬,没有半点儿不合规矩的地方。曹操在一旁看着,对自己的安排非常满意。

会谈结束后,曹操心里还是不太踏实,就对随从说:"你去问问匈奴使臣,觉得魏王这个人怎么样。"

随从回来后对曹操说:"那个使臣说魏王相貌英俊、仪表堂堂,但是……"

"但是什么?"曹操警觉起来。

"他说,那个拿着刀站在魏王旁边的人,才是真正的英雄啊!"

曹操听了这话,大吃一惊,心想:这匈奴使者竟然有这么好的眼力,留着这样的人才在对手手中,迟早都是祸患。于是,曹操派人追上匈奴使臣,把他杀死在回去的路上。

成语个性

古代人是把字写在竹简上,如果写错了,就用刀把错误的地方削去后重写,因此古人用"刀笔"代指书写工具。这个成语的意思也就渐渐转化为替别人写文章。

15 做事和方法

替代·代人捉刀

🍄 例句

- 代人捉刀，亦复时有。（钱锺书《槐聚诗存》）
- 这位作家在成名之前，经常代人捉刀，帮别人写了不少文章。

43

铸成大错
zhù chéng dà cuò

宋·司马光《资治通鉴·唐昭宣帝天祐三年》："合六州四十三县铁,不能为此错也。"

释 铸:铸造,把金属熔化后倒入模具内制成器物。指造成严重的错误。

近义 大错特错

　　唐朝时,田承嗣(sì)当上了魏博这个地方的节度使。为了壮大自己的势力,他精心挑选了五千人,组成一支军队,叫牙军。这些牙军仗着自己是节度使的亲信,为所欲为,把谁都不放在眼里。

　　魏博节度使换了一任又一任,这样的情况持续了好多年。牙军的势力越来越大,成了当地的霸王,强取豪夺,无恶不作,到了后来竟然开始对节度使指手画脚,如果看节度使不顺眼,就直接杀掉,另选一位新的节度使。

　　后来,一个叫罗绍威的人当上了魏博节度使。他知道牙兵不好惹,就对牙兵的头领说:"我给你们享用不完的金银珠宝,从此以后你们就听我的吧。"

　　"想都别想,我们才不喜欢你的金银珠宝呢!"牙兵头领看都不看,哈哈大笑着走了。罗绍威看着他们的背影,心里就像压了一块大石头。

　　没过多久,牙兵打算发动叛乱,杀死罗绍威。罗绍威得知消息后急得团团转,但他手下没有精兵强将,不是牙兵的对手,于是就向他的亲家朱温求救。

　　朱温说:"我们是亲戚,我肯定会帮你的。但是如果我贸然带兵去魏博,一定会引起牙兵的注意,让他们有所防备,那我们就没有办法下手了。"

16 错误和愚蠢

错误·铸成大错

"有道理,"罗绍威低着头沉思起来,"得找个正当的理由。"

恰好在这个时候,朱温的女儿,也就是罗绍威的儿媳妇死了。朱温就以吊唁女儿为名义,带着精心挑选出来的士兵来到魏博。他们在这里住了半年,才把牙兵全部消灭。但这半年里,罗绍威每天都好吃好喝地款待他们,花去了无数银两,杀了几十万头牛羊。等他们走的时候,罗绍威为了表示感谢,还送给他们许多金银财宝和数不尽的粮草。

经过这一番折腾,魏博的积蓄耗费一空。罗绍威感叹道:"为了消灭牙兵,我们花了多少钱啊!唉,就算把整个魏博的铁都聚集起来,也铸不成这么大一个错啊!"

例句

● 也许他们正是要他觉悟过来,自己知道铸成大错而感到后悔。(张爱玲《"五四"遗事》)
● 他不听劝告,我行我素,差点儿铸成大错。

成语个性

"错"字在本成语中是双关语,一是指错刀,古代的一种钱币;二是指错误、失误。本成语常见的连用形式有"铸成大错,追悔莫及"。

南辕北辙
nán yuán běi zhé

汉·刘向《战国策·魏策四》:"今者臣来,见人于大行,方北面而持其驾,告臣曰:'我欲之楚。'臣曰:'君之楚,将奚为北面?'曰:'吾马良。'臣曰:'马虽良,此非楚之路也。'曰:'吾用多。'臣曰:'用虽多,此非楚之路也。'曰:'吾御者善。'此数者愈善,而离楚愈远耳。"

释 辕:车前部用于驾牲畜的两根直木。辙:车轮在路上留下的痕迹。要去南边,车子却往北走。比喻行动和目的正好相反。

近义 背道而驰 缘木求鱼

16 错误和愚蠢 / 错误·南辕北辙

战国时期，有一个叫季梁的魏国人奉命出使邻国。他走到半路，忽然听到人们议论纷纷："听说魏王要派兵攻打赵国，这事是真的吗？"

"那还有假？魏王已经做好准备，两天后就要发兵了。"

季梁大吃一惊，赶紧吩咐随从掉头回去。他们一路上快马加鞭，走了两天两夜，终于在第三天的清晨到达了魏国的都城。魏王意气风发，正准备下达命令。季梁气喘吁吁地跑过来，拦住魏王说："大王，您现在不能攻打赵国。"

"为什么？"魏王惊异地看着季梁。

季梁说："刚才我在路上看见一个人驾着马车往北走，便问他，'你这是要到哪里去呀？'他说要去楚国。我一听就糊涂了，楚国在南边，可他却在往北走啊！于是，我好心提醒他，'你走错方向了，楚国在南边。'他却满不在乎地说，'楚国在哪个方向一点儿也不重要，重要的是我有一匹好马，还有数不尽的金银，就算路途再遥远，总有一天会到楚国的。'"

魏王听了，忍不住笑起来："那个人真傻，楚国明明在南边，他偏要往北走，就算累死也到不了啊！"

"大王您真聪明，一眼就看出了他的问题。"季梁抓住时机说，"可是您要去攻打赵国，也是犯了同样的错误啊！我知道您一直想成就一番霸业，但我们和赵国并没有什么矛盾，如果您现在发起战争，那么赵国的人肯定认为您仗着魏国国富民强，故意欺负他们。就算您打了胜仗，他们也不会真心真意地服从您，反倒会联合其他国家反抗您。这样的话，您还怎么实现自己的理想呢？我劝您好好想一想，千万不要一意孤行，让自己离梦想越来越远啊！"

魏王听了这话，才明白季梁的用意，他说："先生说得极了，多亏你在这么关键的时刻及时阻止我，才没有让我犯下大错。"于是，他下令取消了攻打赵国的计划。

例句

🌰 更有一回，司机以为我是人生地不熟的外来客，南辕北辙地大兜圈子。（梁实秋《雅舍小品·计程车》）

🌰 许多人嘴上喊着要减肥，却一直大吃大喝，结果只能是南辕北辙，越来越胖。

成语个性

我们现在知道地球是圆的，但古人并不知道这一点，所以故事中那个要往南边楚国去的人，如果一直往北走，越过北极、南极，绕地球接近一圈，还是有可能到达楚国的。

作舍道边

zuò shè dào biān

《诗经·小雅·小旻(mín)》:"如彼筑室于道谋,是用不溃于成。"

释 舍:房子。在路旁建房子,和过路人商量。比喻各有各的说法,事情没法做成功。

近义 筑室道谋

反义 独断专行

东汉时期,有一个叫曹褒(bāo)的人。他的父亲致力于礼仪制度的研究,曹褒从小耳濡目染,对礼制也非常感兴趣。曹褒长大后,觉得国家礼制有许多不完善的地方，于是把自己关在家里，潜心研究汉高祖时期制定的礼仪制度。

后来，曹褒当上了县令。他效仿古人，坚持用礼仪感化百姓，没过多久，当地的民风就得到了很大的改善。

有一次，曹褒抓住了五个小偷。他的顶头上司太守听说后咬牙切齿地说："我最恨小偷了，赶快把他们拉出去斩了。"曹褒却说："小偷虽然有罪，但他们的罪过还没有大到要杀头的地步。"最后，那五个小偷的命保住了，曹褒却因得罪了太守，被降了官职。

不久之后，皇帝想要重新制定国家的礼仪制度。曹褒听说后非常激动，马上给皇帝写了一封信，信上说："我从小就受父亲的影响研究礼仪，相信朝廷之中没有人比我更懂得如何制定礼仪制度了，请您把这件事交给我来办吧！"信中还陈述了他对礼仪制度的一些看法，皇帝看后非常高兴，就把曹褒调到了自己身边。

朝中的大臣班固对皇帝说："制定礼仪制度是国家大事，仅听一个人的会不会太片面？我认为应该把京城里那些懂礼仪、有学问的人召集起来，大家一起商议。"

皇帝说："你没听过这样一个故事吗？有个人在路边盖房子，路上过往的行人看见了，有的说这样盖好，有的说那样盖好，结果三年过去了，这房子还没盖好。参与的人越多，意见越难以统一，到头来什么事也办不成。这件事就交给曹褒去办吧，我相信他能办好。"

后来，曹褒果然没辜负皇帝的期望，他根据古代礼制，参照各种经典书籍，制定出一套完整的礼仪制度。

16 错误和愚蠢 / 错误·作舍道边

🍪 例句

🍁 谚言："作舍道边，三年不成。"（南朝宋·范晔《后汉书·曹褒传》）

🍁 学校准备建一座新图书馆，大大小小的会开了无数，大半年了计划也没定下来，这可真是作舍道边。

成语个性

本成语中的"舍"读shè。本成语故事出自南朝宋代范晔的《后汉书·曹褒传》。

49

打草惊蛇

宋·郑文宝《南唐近事》:"鲁乃判曰:『汝虽打草,吾已蛇惊。』"

释 打草的时候惊动了藏在草丛中的蛇。比喻因为行动不谨慎,惊动了对方,使对方有所防备。

近义 轻举妄动　　**反义** 引蛇出洞

16 错误和愚蠢 / 轻率 · 打草惊蛇

南唐时期，有一个叫王鲁的县令，他是个十足的大财迷，一看见钱就两眼放光。他仗着自己的权势，搜刮了许多钱财，在敛财的过程中，当然也干了不少坏事。

俗话说"上梁不正下梁歪"，手下们跟着王鲁时间长了，胆子慢慢大起来，也使出各种手段敛财。他们贪赃枉法，榨取老百姓的血汗钱，做尽了坏事。百姓们深受其害，都想找个机会好好出口气。

恰好有一年，朝廷派官员来巡视，百姓们一看机会来了，赶紧把王鲁手下干的坏事一条条都写在纸上，呈了上去。但他们没想到的是，状纸没能到朝廷官员的手上，反而落在了王鲁手里。

王鲁打开状纸，只看了一眼就吓得心惊肉跳。状纸上写的都是他的手下这几年干的坏事，一桩桩一件件，记载得清清楚楚。更可怕的是，其中好多件事都和自己有牵连。如果朝廷仔细追查起来，迟早会查到自己头上，到时候，不但官职保不住，恐怕还会被杀头呢！

王鲁越想越害怕，竟然不由自主地在状纸上批下了几个字："汝虽打草，吾已蛇惊。"意思是说：虽然你们打的是草，是告发我的部下，可我犯下的罪过比他们还严重，我已经像躲在草丛中的蛇一样被惊动了。后来，人们就从他写的这八个字中总结出"打草惊蛇"这个成语。

例句

🌰 不要性急，走漏了风声，打草惊蛇，就会坏大事。（马烽、西戎《吕梁英雄传》）

🌰 为了不打草惊蛇，警察在车上蹲守了三天三夜，才抓住了罪犯。

指鹿为马
zhǐ lù wéi mǎ

汉·司马迁《史记·秦始皇本纪》:"赵高欲为乱,恐群臣不听,乃先设验,持鹿献于二世,曰:'马也。'二世笑曰:'丞相误邪?谓鹿为马。'"

释 指着鹿,说是马。比喻颠倒黑白,混淆是非。

近义 颠倒黑白 颠倒是非 混淆是非

反义 是非分明 黑白分明 明辨是非

16 错误和愚蠢 / 颠倒·指鹿为马

赵高是秦朝时期的丞相,他在朝廷中的权力非常大,连皇帝胡亥都怕他,大臣们就更不敢得罪他了。

即便是这样,赵高还不满足。他想除掉胡亥,自己当皇帝,但又担心朝廷中有些官员和他不是一条心,会给自己惹麻烦,于是就想出了一个办法。

这天,他牵着一只鹿来到大殿上,对胡亥说:"尊敬的陛下,我费尽千辛万苦找到一匹好马,特地牵来献给您,希望您会喜欢。"大臣们听得目瞪口呆,这分明是一只鹿,赵高为什么说是马呢?大家一头雾水,谁也猜不透赵高的葫芦里卖的是什么药。

胡亥虽然昏庸无能,但是他不傻呀,一眼就看出这是鹿不是马,就笑呵呵地说:"丞相说错了吧,这是一只鹿,你怎么说是马呢?"

赵高回头看着众位大臣问道:"陛下说这是鹿,而我却看着是马,你们说它到底是马还是鹿呢?"

这两个人一个是皇帝,一个是丞相,谁也得罪不起呀!大臣们你看看我,我看看你,额头上的汗珠都冒出来了。有些大臣平时就很怕赵高,便顺着赵高的意思说:"它的四条腿匀称有力,当然是马了。"

"你们这是睁着眼睛说瞎话!"几个正直的大臣气愤地呵斥道,"这分明就是一只鹿。你们为了讨丞相欢心,竟然黑白不分。"

这件事争到最后也没争出个结果,但赵高已经弄清楚哪些大臣是顺着自己的,哪些大臣以后会成为自己的敌人。不久以后,胡亥外出打猎,赵高便趁机把那些说是鹿的人要么关进监狱,要么找个借口杀掉了。

后来,赵高又密谋杀了胡亥,想要自己当皇帝。但这时文武百官都看出了赵高的野心,谁都不答应。没办法,赵高只好让子婴当皇帝。子婴早已经把赵高的种种罪行看得清清楚楚,一登上皇帝的宝座,就把赵高铲除了。

例句

东床已招佳婿,何似以羊易牛;西邻纵有责言,终难指鹿为马。(明·冯梦龙《醒世恒言》)

一就是一,二就是二,指鹿为马的荒唐事我们可不能做。

成语个性

本成语常见的连用形式有"信口雌黄,指鹿为马""张冠李戴,指鹿为马""混淆是非,指鹿为马"。"指鹿为马"和"混淆是非"都有违背事实、不分是非的意思。但"指鹿为马"是在明知道真相的情况下把黑的说成白的,完全是故意的。而"混淆是非"是把对的和错的混为一谈,可以是故意的,也可以是无意的。

反裘负刍
fǎn qiú fù chú

春秋·晏婴《晏子春秋·内篇杂上》:"晏子之晋,至中牟,睹弊冠反裘负刍息于涂(途)侧者,以为君子也。"

释 裘:皮袄。刍:柴草。反穿皮袄背柴。形容贫穷劳苦。也形容不知事理,本末倒置。

近义 本末倒置 舍本逐末

16 错误和愚蠢 / 颠倒·反裘负刍

战国时期,有一次,魏国的国君魏文侯离开都城,到外地巡视。

在路上,他看见一个人穿着皮袄,背着一捆柴火走过来。魏文侯一直盯着这个人看,背柴的人发现了,问:"这位大人,您为什么要盯着我看呢?"

魏文侯说:"我觉得你有些怪怪的,但一时又看不出来是哪里不对劲。"

那个人把柴火放在地上,低头打量着自己说:"哪里不对劲了?"

魏文侯看着他的皮袄,突然明白过来,弄清了问题出在哪里。原来,古代的人们穿皮袄时,都是把有毛的一面穿在外面,而那个人却把有毛的一面穿在里面。

魏文侯忍住笑问道:"你为什么要反穿着皮袄呢?"

那个人回答:"这件皮袄上的毛又顺又滑,穿在身上非常暖和。不瞒您说,这是我最好的一件皮袄了。但我现在干的是粗活,这些柴火背在背上,一不小心就会把毛蹭掉,所以我把皮袄反过来穿,这样皮袄上的毛就不会脱落了呀!"

魏文侯的随从听了,赞同地点点头:"说得好像挺有道理。"

"那是当然,"那个人得意地说,"我花了一天一夜的工夫才想出这个好主意的。"

魏文侯却说:"这哪里是好主意,明明就是一个糟糕透顶的坏主意。"

"为什么?"随从和那个人一起问道。

魏文侯说:"你反着穿皮袄,柴火会把皮袄里的皮板磨破。皮板磨破了,皮板上的毛又依附在哪里呢?你还是把皮袄翻回来穿吧!"

那个人没有听魏文侯的劝告,背起柴火就走了。魏文侯自言自语地说:"治理国家也是一样的道理,百姓是皮袄的皮板,国君是附着在上面的毛。如果百姓们不能安居乐业,国君的位子也就坐不稳了。"

例句

● 无异于愚人,反裘而负薪,爱其毛,不知其皮尽也。(汉·桓宽《盐铁论》)

● 为了减肥拼命节食,严重损害了身体健康,真是反裘负刍。

成语个性

这个成语也写作"反裘负薪""爱毛反裘"。本成语故事出自西汉刘向的《新序·杂事二》。故事中魏文侯所说的"皮板磨破了,皮板上的毛又依附在哪里"也是一个成语——皮之不存,毛将焉附。比喻失去了依附的条件,事物就无法存在。

汉·刘向《战国策·齐策四》："故有舍本而问末者耶？"

舍本逐末
shě běn zhú mò

释 本：树根，指根本。末：树梢，指枝节。抛弃根本的、主要的，而去追求枝节的、次要的。比喻做事不抓住主要的问题，只在细枝末节上下功夫，轻重主次倒置。

近义 舍近求远 本末倒置 买椟还珠

16 错误和愚蠢 — 颠倒·舍本逐末

战国时期,赵国的赵惠文王去世后,他的儿子赵孝成王继位。由于当时赵孝成王年纪还小,所以国家的大事小情都交给他的母亲赵威后管理。

有一次,齐国派出使臣拜访赵威后。使臣见到赵威后,先献上齐王亲笔写的信。赵威后接过信,并没有急着打开,而是十分友善地问使臣:"今年你们国家的收成怎么样?庄稼长得还好吗?"

"好,今年的庄稼都丰收了。"使臣不高兴地回答。

赵威后又问:"那你们国家的百姓们生活得怎么样啊?"

"百姓们都丰衣足食、安居乐业。"使臣回答说,但脸色更难看了。

赵威后看出使臣不高兴,就关心地问道:"你的脸色不太好,是不是第一次来赵国,水土不服啊?"

"是我的心里不舒服。"使臣壮着胆子说,"我们齐王非常重视这次会面,所以亲笔给您写了信。而您也不问问齐王的状况,却先问起了庄稼和百姓,这是什么道理啊?难道我们齐王还不如庄稼重要,不如百姓尊贵吗?"

赵威后被他的话逗乐了,笑着说:"如果没有庄稼,百姓们吃什么?百姓们连饭都吃不饱,还能一心一意效忠你们齐王吗?所以,庄稼和百姓是一个国家的根本,我当然要先问他们的情况,哪有舍弃根本去问细枝末节的道理呢?"

使臣听了这一番话,立刻跪在赵威后面前,恭恭敬敬地行礼说:"人们都说您是一位贤德的太后,今日一见,果真是名副其实啊!"

例句

🍀 不先去考察他们的程度,却只嫌着百姓们的程度不合,岂不是舍本逐末么?(清·张春帆《宦海》)

🍀 有些同学上课不认真听讲,课后却花很多时间去补课,这是舍本逐末。

成语个性

这个成语从"舍根本,问末事"演化而来。在中国古代,人们认为耕田种地是最重要的事,是生存的根本,而手工业、商业都是枝节。这个成语的本义是指弃农耕、重商业,后来含义扩大,指做事不抓住根本,却在枝节上下功夫。

越俎代庖
yuè zǔ dài páo

战国·庄周《庄子·逍遥游》："庖人虽不治庖，尸祝不越樽俎而代之矣。"

释 俎：古代祭祀时盛放牛羊等祭品的器具。庖：厨师。掌管祭祀的人放下祭器去代替厨师做饭。比喻超出自己的职责范围，去处理别人所掌管的事。也指包办代替别人的事。

近义 大包大揽

反义 各司其职 不在其位，不谋其政

16 错误和愚蠢 / 多余·越俎代庖

在我国历史上，有一位非常伟大的帝王——尧帝。他带领百姓治理洪水，制定历法，还发明了酒和围棋，深受人们爱戴。

当时有一个叫许由的人，不但道德高尚，而且非常贤能，尧帝听说后便想把王位让给他。尧帝派人找到许由，非常诚恳地对他说："先生，尧帝想把王位让给您，让您帮他治理天下。"

许由摆摆手说："我的志向就是住在这山清水秀的地方，过清闲的日子。治理天下的大事，我从来就没有想过。"

尧帝仍然不死心，亲自来到许由家里，对他说："太阳月亮出来了，小火把却还不愿意熄灭，它那微弱的亮光和日月相比，不是太微不足道了吗？及时雨下下来了，人们还在挑水灌溉田地，对于滋润禾苗来说，这不是白费力气吗？您如果成了帝王，一定会把天下治理得非常好。我能力低下，却白白占据着这个位置，这让我非常惭愧，您就答应我的请求吧！"

许由却说："您治理天下，已经治理得很好了。我来替代您，难道是让我贪图这个名声吗？鹪鹩（jiāo liáo）在树林里筑巢，只需要一根树枝就够了；鼹（yǎn）鼠渴了在河边喝水，喝饱了肚子就满足了。请您回去吧！偌大一个天下，对于我来说并没有什么用处！祭祀的时候，就算厨师不做饭，主管祭祀的人也不能越过放祭品的礼器，代替厨师去做饭啊！同样的道理，即便您不想管理天下，但我只是一个普通的百姓，怎么能代替您管理国家呢？您还是不要在我身上白费力气了。"

尧帝见许由主意已定，只好无奈地离开了。尧帝走后，许由担心以后还会有麻烦，于是赶紧收拾行李，躲到深山里隐居去了。

例句

● 秀才还不便越俎代庖，军人理应少管闲事。（郭沫若《天地玄黄·兵不管秀才》）

● 孩子自己能做的事，父母不要越俎代庖。

成语个性

这个故事还有一个续集：许由躲到深山里以后，因为嫌尧帝要把王位让给他的话脏了他的耳朵，于是来到河边洗耳朵。这时一个叫巢父的人牵着牛来河边喝水，就问他为什么要洗耳朵。许由告诉他原因后，巢父说："如果你原本就住在这深山里，谁能找到你？还不是你到处游荡，想混个好名声。喝了你洗过耳朵的水，脏了我的牛！"说完就牵着牛去上游了。这个故事叫作"许由洗耳"。"许由洗耳"常用来比喻为人清高，不求名利。有时也形容人故作清高。

画蛇添足

huà shé tiān zú

汉·刘向《战国策·齐策二》:"一人蛇先成,引酒且饮之,乃左手持卮(zhī),右手画蛇曰:'吾能为之足。'未成,一人之蛇成,夺其卮曰:'蛇固无足,子安能为之足?'遂饮其酒。"

释 画蛇时给蛇添上脚。比喻多此一举,弄巧成拙。

近义 过犹不及 多此一举 弄巧成拙

反义 恰到好处 恰如其分 适可而止

16 错误和愚蠢 / 多余·画蛇添足

古时候，祭祀祖先是一项非常隆重的活动，需要很多人帮忙准备各种各样的供品。

有一次，楚国有户人家祭完祖先后，想向帮忙办事的人表示感谢，便把一壶酒送给了他们。这个酒壶不大，里面的酒也不多，几个人看着酒壶犯难了：如果大家一起分着喝，每个人只能喝到一点儿，谁也喝不痛快。如果只让其中一个人喝，对其他人又很不公平。怎么办呢？

这时，有个人从地上捡起几根树枝，分给每人一根，说："我们来比赛吧！"

"好，比赛最公平！可是比什么呢？"

"每个人在地上画一条蛇，谁画得最快画得最好，这壶酒就归谁。"这可真是个好办法，大家都很赞成。

比赛开始了，这几个大汉都弯下腰，拿着树枝聚精会神地画起来。

有一个人手脚最麻利，很快就画好了一条蛇。"哈，这壶酒归我了！"他端起酒壶，得意扬扬地看了看其他人。这些人画得可真慢，有的人刚刚画好一个蛇头，有的人刚把身子画了一半，还有的人画了一半又用脚擦掉，重新开始画。

"看他们这速度，一时半会儿还画不好。"他仔细端详着自己画的那条蛇，越看越觉得不好看。"好像还缺点儿什么。"他小声念叨着，"啊，如果给蛇再添上四只脚，一定更漂亮！"于是，他左手拿着酒壶，右手拿起树枝又画起来。

这时，有个人说："我画好了，酒归我！"便来抢他手里的酒壶。他死死地抱住酒壶说："不对不对，明明是我先画好的。我还给蛇画上脚了呢！"

大伙儿看着他画的蛇哈哈大笑起来："活了大半辈子，还从来没见过长脚的蛇呢！你画的不是蛇，是妖怪吧！"

那人羞得满脸通红，赶紧擦掉地上的蛇，乖乖交出了酒壶。

例句

🌰 他想接上去说，又觉得是画蛇添足，只好惋惜地坐着没动。（周而复《上海的早晨》）

🌰 这个布娃娃现在已经很漂亮了，如果你继续给它增加饰品，就是画蛇添足，反而让它变丑了。

成语个性

"画蛇添足"和"弄巧成拙"都有自以为做得很好，结果却坏了事的意思。但"画蛇添足"强调的是做了多余的事，"弄巧成拙"强调的则是想做得更好、更巧妙。本成语常见的连用形式有"画蛇添足，多此一举""画蛇添足，节外生枝"。

玩火自焚
wán huǒ zì fén

春秋·左丘明《左传·隐公四年》:"夫兵,犹火也,弗戢(jí),将自焚也。"

释 焚:烧。玩火的人烧到了自己。比喻干冒险或害人的事,最后受害的还是自己。

近义 作茧自缚 自食其果　　**反义** 坐不垂堂 行不履危

16 错误和愚蠢 / 空谈·纸上谈兵

战国时期，赵国有一位大将名叫赵奢（shē），他善于用兵打仗，曾经用很少的兵力打败秦军，因此名扬天下。受他的影响，儿子赵括从小就喜欢研读各种兵书，和军事有关的书都能倒背如流，说起行军打仗的事来头头是道。

有一次，赵括和父亲讨论打仗的事，竟然把父亲难住了。他扬扬得意地说："父亲，我现在算是一个优秀的军事家了吗？我连你这样的大将军都打败了。"

赵奢摇摇头说："你离真正的军事家还差得很远呢！"

赵括非常不高兴，赵括的母亲也不明白赵奢为什么这么说，因为在大家眼中，赵括就是个了不起的军事天才啊！赵奢说："括儿只是从书上学了一些理论，并没有实地作战的经验。打仗是多么残酷的事，那是拿千万士兵的性命去博取胜利，而在括儿嘴里却说得那么轻松。赵国不任命他当将军还好，如果让他当将军去带兵打仗，让赵军一败涂地的必定就是括儿。"

后来，秦军又来攻打赵国。那时赵奢已经去世，由大将廉颇率兵抵抗秦军。廉颇是个身经百战的老将军，有丰富的作战经验。秦军攻打了很长时间，一点儿进展也没有，急得团团转。后来，他们想赶走廉颇，就派人四处散播谣言说："我们秦军根本不怕廉颇，我们怕的是赵括。赵括熟读兵书，是个带兵打仗的奇才。只要他一来，我们保准儿都给吓跑了。"

这些话传到赵王耳朵里，赵王非常高兴，赶紧让赵括代替廉颇，当上了大将军。赵括的母亲想起当年赵奢说过的话，对赵王说："赵括没有作战经验，不适合当将军，更不能带兵打仗。"但赵王根本就听不进去。

赵括当上大将军后，把廉颇制订的作战计划全部推翻，根据兵书上所说的重新部署。战场上的形势变幻莫测，而赵括只知道生搬硬套，不懂得根据实际的作战情况进行调整，很快就吃了败仗，赵国四十五万精兵全军覆没，赵括自己也在战斗中被乱箭射死。

例句

- 书生都喜欢纸上谈兵，只说而不去实行。（老舍《四世同堂》）
- 制订学习计划，可不能光是纸上谈兵，要严格执行才会有效果。

成语个性

本成语常见的连用形式有"书生之见，纸上谈兵"，指读书人只知道空谈理论；"纸上谈兵，自欺欺人"，指不切实际的空谈既欺骗了自己，也欺骗了他人。

东施效颦
dōng shī xiào pín

战国·庄周《庄子·天运》：
"故西施病心而矉（pín，同「颦」）其里，其里之丑人见而美之，归亦捧心而矉其里。其里之富人见之，坚闭门而不出；贫人见之，挈（qiè）妻子而去之走。彼知矉美，而不知矉之所以美。"

释 效：效仿，模仿。颦：皱眉头。不知道人家好在何处，就盲目模仿，结果适得其反。

近义 照猫画虎 邯郸学步

反义 独辟蹊（xī）径 标新立异

春秋时期，越国有一个美女名叫西施。西施长得非常漂亮，但她有心口疼的毛病，每次犯病的时候都疼痛难忍。

有一天，西施正在街上买东西，忽然心口一阵剧痛，她用手捂住心口，皱着眉，慢慢地往前走着。人们看见西施的样子，感叹道："西施姑娘生起病来也这么美！"

"啧啧啧，西施可真漂亮啊！"人群中有个姑娘说。

大家转过身，一眼认出眼前这

个姑娘就是四里八乡有名的丑八怪。人们不知道这个丑姑娘叫什么名字,只知道她住在西施家东边,于是大家就叫她东施了。

人们笑着说:"西施是出了名的美人,当然很美了。"

东施大大咧咧地说:"这有什么?不就是皱着眉头,捂着胸口吗?我只要学着她的样子,保管也和她一样漂亮。"

"这可不是能学得来的。西施姑娘天生丽质,不管怎么样都美。而你……"大家看着东施,跟她开起了玩笑。没想到,东施倒认真起来,"哼,我就不相信学不来!"说着,她也学着西施的样子,皱着眉,捂着胸口走起来。可是这么一来,她本来就难看的面孔变得越发丑陋狰狞了,加上又弓着腰,走路时还故意拖着步子,就更加难看了。

街边的人家一看这么丑一个姑娘正怪模怪样地往这边来,赶紧把大门关上了,生怕家里的小孩看到后会被吓哭。街上的行人看到后,拉起自己的妻子和孩子就走,生怕他们被吓坏了。这个东施啊,只知道西施皱着眉头很漂亮,却不知道为什么漂亮,还在那里不停地学着呢!

错误和愚蠢 / 模仿·东施效颦

例句

若真也葬花,可谓"东施效颦"了,不但不为新奇,而且更是可厌。(清·曹雪芹《红楼梦》)

每个人都有自己的特点,为什么要东施效颦,盲目地模仿别人呢?

成语个性

本成语常见的连用形式有"人云亦云,东施效颦",指人没有主见,只知道一味地模仿他人。

揠苗助长
yà miáo zhù zhǎng

战国·孟轲《孟子·公孙丑上》:"宋人有闵其苗之不长而揠之者,芒芒然归,谓其人曰:'今日病矣,予助苗长矣。'其子趋而往视之,苗则槁(gǎo)矣。"

释 揠:拔。拔高禾苗,帮它成长。比喻违背事物的发展规律,急于求成,反而把事情弄糟。

近义 弄巧成拙 欲速则不达

反义 循循善诱 顺其自然

春秋时期,宋国有个人是个急脾气,干什么事都特别着急。他在田里种了一些谷子,过了几天,谷子发芽了,长成了禾苗。一棵棵禾苗长得绿油油、水灵灵的,真让人喜欢。

他站在田边看着地里的禾苗,高兴地说:"小苗啊小苗,请你们快快长吧,这样我就能早点吃到新鲜的谷子了。"

第二天,他来到田边,发现禾苗还和昨天一样高,心里急得直冒火。"一天过去了,怎么不见禾苗长高呢?"他伸出手,量了量禾苗的尺寸,叹着气回家了。

转眼一天又过去了,太阳还没升起来,他就来到田里。他左看右看,禾苗好像还是那么高。他不死心,弯下腰细细量了量,发现禾苗真的没有长高,便没好气地说:"怎么回事啊?都两天了还没有长高。"

他急得在田边团团转。邻居看见他这副怪模样,惊讶地问:

16 错误和愚蠢

适得其反 · 揠苗助长

"什么事把你急成这样啊？"他气愤地指着禾苗说："就是这些禾苗，两天过去了，竟然一点儿也没有长高。照这个速度长下去，我什么时候才能吃到谷子啊？真是急死人了。"

"哈哈，你太心急了。谷子的生长是个漫长的过程，怎么可能一两天就长高呢？"

"太慢了！"他急得抓耳挠腮，"我得想个办法让它们长快点儿。"邻居以为他在说笑话，笑着摇摇头走了。

这人盯着田里的禾苗，忽然眼前一亮："有办法啦！"他弯下腰，把一棵禾苗从土里拔上来一点，再和旁边的禾苗一比，确实高了不少。他高兴极了，把田里的所有禾苗都往上拔了一遍。"这样就长得快多了，明天我再来把你们拔一拔。"

他兴高采烈地跑回家，激动地对家里人说："我今天干了一件大事。"

"你不是去田里看禾苗了吗？"

"没错。我不但去看了它们，还帮它们都长高了一大截。可把我累坏了，我的腰到现在还疼呢！"

家里人大吃一惊，他儿子赶紧跑到田边去看，发现原本水灵灵的禾苗都已经枯死了。

例句

● 忽视则任其像茅草样自生自灭，期望太切不免揠苗助长，反而促其夭折。（陶行知《陶行知全集》）

● 学习要循序渐进，给孩子报那么多课外补习班，难道不是揠苗助长吗？

成语个性

也写作"拔苗助长"。

临渴掘井
lín kě jué jǐng

《黄帝内经·素问·四气调神大论》：「夫病已成而后药之，乱已成而后治之，譬犹渴而穿井，斗而铸锥，不亦晚乎？」

释 感到渴了才开始挖井。比喻平时没有准备，事到临头才开始想办法。

近义 临阵磨枪　江心补漏

反义 未雨绸缪（chóu móu）　防患未然

春秋时期，鲁国的贵族们喜欢玩斗鸡的游戏。

有一次，季平子与郈（hòu）昭伯斗鸡的时候，给鸡装上了护甲，轻轻松松就把郈昭伯的鸡打败了。郈昭伯很气愤，要去找鲁昭公告状。可是，郈昭伯的鸡爪上还装着锋利的铁爪呢!于是,季平子也去找鲁昭公告状。季平子气焰嚣张,鲁昭公惹不起,只好判他赢。

不久,郈昭伯和其他贵族联合起来,一起告季平子的状。其实,鲁昭公在心里早就恨透了季平子,也想找机会收拾他,于是想都没有多想,就派人去抓季平子。

季平子对鲁昭公说:"您听信郈昭伯他们的话,不问青红皂白就要治我的罪,这对我不公平,也伤透了我的心。所以,我打算离开这个是非之地,到偏远的地方去生活,希望您能批准。"

鲁昭公摇摇头说:"不行!我不能这么轻易放你走。"

季平子说:"那我离开鲁国,总可以让您消气了吧!"

"不行。"鲁昭公还是摇头。

后来,一个大臣对鲁昭公说:"您还是让季平子走吧。他的家族势力非常大,如果把他逼急了,他肯定会造反的,到时候再后悔就来不及了!"

鲁昭公还是不同意,并且准备杀掉季平子。季平子的家人心急如焚,鼓动其他贵族一起讨伐鲁昭公,救出了季平子。

鲁昭公在鲁国待不下去了,就逃到了齐国。齐景公收留了他,并对他说:"你就把这里当成自己的家,安心住下来吧!"

鲁昭公说:"谢谢你的好意,但我是鲁国的国君,早晚有一天要回去的。"

齐景公惊奇地说:"既然你对鲁国的感情这么深,为什么要离开鲁国呢?"

"唉,"鲁昭公叹着气说,"一言难尽啊!不过好在我还年轻,还有翻身的机会。"

站在一旁的齐国大夫晏婴打断鲁昭公的话,说:"想要翻身可没那么容易!"

"你凭什么这么说?"鲁昭公不高兴了。

晏婴说:"人马上就要渴死了,才想到挖水井,还来得及吗?你应该早点儿为自己做打算,现在事情已经发展到不可收拾的地步,再想挽回,已经太晚了。"

结果真像晏婴说的那样,鲁昭公再也没能回到鲁国,最后死在了晋国。

例句

- 宜未雨而绸缪,毋临渴而掘井。(明·朱伯庐《治家格言》)
- 保护环境要从现在做起,不能等到灾难降临,才临渴掘井。

成语个性

这个成语故事出自《晏子春秋·内篇杂上》。本成语常见的连用形式有"临渴掘井,悔之无及"。

叶公好龙
yè gōng hào lóng

汉·刘向《新序·杂事》:"叶公子高好龙,钩以写龙,凿以写龙,屋室雕文以写龙。于是天龙闻而下之,窥头于牖(yǒu),施尾于堂。叶公见之,弃而还走,失其魂魄,五色无主。是叶公非好龙也,好夫似龙而非龙者也。"

释 比喻表面上好像喜爱某种事物,实际上并不真正喜爱。

近义 表里不一　**反义** 名副其实

春秋时期,叶地有一个人非常喜欢龙,大家都叫他"叶公"。叶公喜欢龙,已经到了非常痴迷的地步。他家的墙上画着龙,柱子上雕的花纹也是龙,家具上、被子上、衣服上,甚至喝茶用的杯子上、吃饭用的碗上,都有龙的图案。可就算这样,他

16 错误和愚蠢 / 虚伪 · 叶公好龙

还是不满足,每天拿着笔墨,要把家里的每个角落都画满龙。

孩子不满地说:"爸爸,画些别的花纹吧,家里的龙太多了。"

妻子也不高兴地说:"家里到处都是龙的影子,我有时候都觉得自己生活在龙宫里。这哪儿还有家的样子啊?"

叶公满不在乎地说:"龙是世界上最神气的动物,我就是喜欢龙。我不但要画龙、雕龙,如果有机会,还想把真龙请到家里来呢!"

天上的龙听见了,感动得眼泪差点儿没掉下来:"叶公这么喜欢龙,我得好好报答他呀,就满足他的心愿,让他见见我这条真正的龙吧!"

当时叶公正在全神贯注地画龙,天上忽然传来一阵轰隆隆的巨响。"打雷了?"叶公好奇地走到窗口,看见一条龙从天而降,从窗口飞进来。

"你好啊!叶公!"龙说话的声音震得房子直打颤。叶公吓得魂儿都掉了,尖叫着钻到了桌子底下。

"嗨,你怎么了?我是你最喜欢的龙啊!我被你的话感动了,才特意从天上飞下来,跟你说声谢谢的。"

"走开!走开!"

桌子底下的叶公吓得脸色苍白,身体抖个不停。

"这究竟是怎么回事?"龙打量着叶公的屋子,"你不是最喜欢龙吗?"

"不不,你搞错了。我喜欢的是画上的龙,不是你这样的真龙。你的样子这么可怕,我怎么会喜欢你呢?"叶公胡乱挥着手,吓得连眼睛都不敢睁开。

"唉,害得我空欢喜一场,真让人伤心。"龙叹了口气,失望地飞走了。

家人赶忙过来扶起叶公,叶公的双腿发软,站都站不稳了。看着叶公的样子,大家都哭笑不得。

例句

🍀 上级机关几次意欲让他出任剧团领导,均遭婉拒,此举愈发令同仁敬重:这才叫真热爱艺术,不是叶公好龙。(王海鸰《大校的女儿》)

🍀 看见同学打篮球,他也买了一个篮球,其实他只是叶公好龙,根本就不是真的喜欢。

成语个性

"好"读作"hào",是"喜爱"的意思。历史上真的有叶公这个人,名叫沈诸梁,字子高,他当过楚国的宰相,封地在现在河南的叶县一带,所以被称为"叶公"。

滥竽充数
làn yú chōng shù

战国·韩非《韩非子·内储说上》："齐宣王使人吹竽，必三百人。南郭处士请为王吹竽，宣王说之，廪（lǐn）食以数百人。宣王死，湣王立，好一一听之，处士逃。"

释 不会吹竽的人冒充吹竽行家。比喻没有真才实学的人混在行家里面充数，或比喻拿不好的东西混在好的里面。

近义 鱼目混珠　浑水摸鱼

反义 货真价实　名副其实

战国时期的齐宣王非常喜欢听吹竽。每次有吹竽表演的时候，不管大事小情，齐宣王都要求宫廷里的所有乐师一起参加。三百个乐师一起吹竽，场面十分热闹，齐宣王听了高兴得手舞足蹈。

有一位南郭先生听说后，便对朋友说："在宫廷里当乐师是个又体面又清闲的工作，我也想去试一试。"

朋友惊掉了下巴，嘲笑他说："你疯了吗？你根本就不会吹竽啊！"

16 错误和愚蠢

欺骗·滥竽充数

南郭先生不以为然地说："齐宣王喜欢听合奏，那么多乐师一起演奏，我只要摆出吹竽的样子就可以了，一定不会被发现。"

第二天，南郭先生拿着竽来到王宫，对齐宣王说："我是齐国最好的乐师，而大王您是天底下最懂音乐的人，您是我的知音，我愿意把最动听的乐曲吹给您听。请您把我留下来，让我为您吹竽吧！"

齐宣王听了十分高兴，挥挥手说："到乐师的队伍里去吧。"

就这样，南郭先生成了一名乐师。每次表演的时候，他都偷偷看着旁边的乐师：人家往左歪脑袋，他也把脑袋歪向左边；人家往前探身子，他也照着做；人家专心致志地吹竽，他也装出一副非常投入的样子。他装得像模像样，一直没有被齐宣王和其他乐师发现。南郭先生觉得自己真是太聪明了。

可惜这样的日子没过多久，齐宣王死了，他的儿子齐湣（mǐn）王继承了王位。齐湣王也喜欢听吹竽，但他觉得许多人一起吹太吵了，听不出竽声的美妙来，于是让乐师们一个一个地吹给他听。

"糟了糟了，齐湣王如果发现我不会吹竽，非砍下我的脑袋不可。"眼看着乐师们一个接一个地被齐湣王叫走，马上就要轮到自己了，南郭先生吓得赶紧收拾好行李，偷偷溜走了。

例句

🌰 在激烈的冲突中，平庸的草豺无法滥竽充数混进领袖阶层。（沈石溪《混血豺王》）

🌰 老师让同学们一起背诵课文的时候，总是有一些人滥竽充数。

成语个性

"竽"是古代的一种簧管乐器，形状像现在的笙，是春秋战国时期到汉代非常流行的乐器。滥竽充数是个贬义成语，不过也经常用来表示自谦，比如：你们都是玩滑板的高手，我只是滥竽充数而已。常见的连用形式有"不学无术，滥竽充数"。

守株待兔
shǒu zhū dài tù

战国·韩非《韩非子·五蠹（dù）》："宋人有耕者。田中有株。兔走触株，折颈而死。因释其耒（lěi）而守株，冀复得兔。兔不可复得，而身为宋国笑。"

释 株：树桩。比喻死守狭隘（ài）的经验，不知变通。也比喻抱着侥幸心理，妄想不通过努力便得到意外的收获。

近义 刻舟求剑 胶柱鼓瑟 墨守成规

反义 因地制宜 见机行事 达权通变

古时候有一个农民，他每天都在田里辛苦地劳作，收成却不怎么好，日子总是过得紧巴巴的。

这天，他像往常一样，背着锄头来到田边，看着绿油油的禾苗，自言自语地说："唉，这样的日子什么时候是个头啊！"

忽然，一只野兔从不远处的树林里蹿出来。它可能是受了惊吓，逃命似的跑得飞快，一不留神，撞到田中间的一根树桩上，发出"咚"的一声响。

农民跑过去一看，野兔已经断了气。

"哇！我的运气可真好！不费吹灰之力，就捡到了一只野兔。"他没有心思干活了，乐呵呵地提着野兔回到家里，美美地吃了一顿。

第二天，他又背着锄头来到田里。可是，他再也提不起精神干活了，两只眼睛直勾勾地盯着树桩，心想："昨天有只野兔在这里撞死了，说不定今天还会有这样的好事,我得好好看着,不能让别人白白捡走这个大便宜。"想到这里,他竟然放下锄头,守着木桩发起呆来。

漫长的一天过去了,他一无所获,背着锄头回家了。

第三天,他干脆把锄头扔在家里,靠着树桩晒起了太阳。

在地里干活的邻居看见了,对他说:"你的田里长满了野草,你怎么还在这里睡大觉啊?"

"草锄掉了还会长出来,没完没了。我再也不想过那样的日子了。"

"那你想干什么?"

他指了指身旁的树桩:"我就在这里等着,没准儿今天又会有一只又肥又嫩的野兔撞过来呢!"

"那样的好运气怎么可能天天有呢?"邻居摇摇头,不再理他。

一天、两天、三天……

他每天都在树桩旁边等待着野兔。邻居家的谷子丰收了,而他的禾苗全都被野草吞没了,一粒谷子也没长。看着邻居热火朝天地割谷子,他拍着瘪瘪的肚子叫苦连连:"兔子没等着,谷子也没收到,接下来的日子我可怎么过啊?"

16 错误和愚蠢 / 死板·守株待兔

例句

- 吾料兄必定出身报国,岂是守株待兔之辈。(明·许仲琳《封神演义》)
- 守株待兔只会让机会白白溜走,只有主动争取,成功才属于自己。

成语个性

韩非是战国时期杰出的思想家、哲学家和散文家。他在著作《韩非子》一书中记载了许多有趣的寓言故事,比如:自相矛盾、守株待兔、老马识途、郑人买履、宋人疑邻,等等。

刻舟求剑
kè zhōu qiú jiàn

战国·吕不韦《吕氏春秋·察今》:"楚人有涉江者,其剑自舟中坠于水,遽(jù)契(qì)其舟,曰:'是吾剑之所从坠。'舟止,从其所契者入水求之。"

释 求:寻找。在船上刻下记号,按照记号的位置到河中找剑。比喻做事不懂得变通,不会根据实际情况处理问题。

近义 胶柱鼓瑟 守株待兔
反义 随机应变 相机行事

　　战国时期,有个楚国人坐着船渡江。当船行到江中心的时候,他被美丽的景色吸引,不由得来到船头,展开双臂感慨道:"好美啊!"
　　话音刚落,只听"咚"的一声,好像有什么东西掉进水中了。他低头一看,尖叫起来:"糟了,我的剑掉进江里了。那可是我家祖传的宝剑啊!"

16 错误和愚蠢 死板·刻舟求剑

船上的人围拢过来,七嘴八舌地说:"快下去把剑捞上来吧!"

"剑刚刚掉下去,肯定不会跑远,现在去捞还来得及。"

"没错,赶快去捞吧!"

那个人这时却不着急了,他挥挥手说:"不用着急,我已经想好办法了。"他不慌不忙地走回船舱,拿了一把小刀走过来,趴在船头,在船帮上刻了一个记号。

大家好奇地问:"你这是在干什么?"

"做个记号,好知道剑是从哪儿掉下去的啊!"

有人劝他说:"做记号有什么用?还是赶紧把剑捞上来吧!船走远了,剑就不容易找到了。"

"你懂什么?江中心的水这么深,水流这么急,跳下去多危险啊!"那个人指着船帮上的记号,得意地说,"我的剑就是从这里掉下去的,我已经做好记号了。就算船跑得再远,记号的位置也不会变啊!等船到了岸边,只要看准这个记号,就能轻而易举地把剑捞上来了。"

这是什么道理?大家皱着眉,歪着脑袋,怎么也想不明白,便不再搭理他。

船终于靠岸了。岸边的水又清又浅,一眼就能望到底。那个人赶紧跳到水中去捞他的宝剑,可是哪里还有宝剑的影子啊!他白忙活了一场,自己成了落汤鸡,什么也没捞到。他摸着船上的记号自言自语:"奇怪,宝剑明明就是从这里掉下去的,怎么会找不到呢?"

船上的人听了哈哈大笑:"记号虽然没有变,但船一直在行进啊!你的剑掉在了江中心,你却到岸边来寻找,怎么可能找得到呢!"

那个人这才恍然大悟,后悔得肠子都青了。

 例句

似你这样寻根究底,便是刻舟求剑,胶柱鼓瑟了!(清·曹雪芹《红楼梦》)

时代不同了,看待问题的方法也要换一换,否则就真的变成刻舟求剑了。

成语个性

本成语常见的连用形式有"刻舟求剑,守株待兔",指做事刻板,死守狭隘的经验,不知道变通。

郑(zhèng)人(rén)买(mǎi)履(lǚ)

战国·韩非《韩非子·外储说左上》:「郑人有欲买履者,先自度其足,而置之其坐。至之市而忘操之,已得履,乃曰:『吾忘持度。』反归取之。及反,市罢,遂不得履。」

16 错误和愚蠢 / 死板·郑人买履

释 履：鞋。形容不考虑实际情况，只按教条办事。

近义 刻舟求剑 生搬硬套　　**反义** 随机应变 见机行事

古时候，有一个郑国人发现自己的鞋子破了，要去集市上买一双新鞋子。他拿出一根绳子在脚上量了半天，才匆匆出门，直奔集市，却把绳子忘在了家里。

到了卖鞋的摊位前，他指着货架上的一双鞋说："老板，我要买那双鞋。"

"你要多大尺码的？"老板说。

"等一下啊！"他把手伸进口袋里摸索了半天，皱着眉头说，"咦，去哪儿了？"

老板问："你在找什么？"

"一根绳子。"

"找绳子干什么？"

"买鞋啊！"他振振有词地说，"我在家里已经用绳子量好了脚的尺寸，但是一着急，把绳子丢在家里了。"

"没有绳子也没关系，你直接试穿一下就可以了。"

"不行不行，"他拼命摇着头，"我的脚怎么能有绳子准呢？那可是我量了很久才量好的尺寸啊！"说完，他转身就走。

老板问："你不买鞋了吗？"

他大声回答："我回家去拿绳子。"

等他拿了绳子再赶回来时，集市已经散了，卖鞋的老板也收摊了，他只好无可奈何地回家了。

大家看着他的背影，笑着说："真是个傻瓜。"

例句

● 削足适履是一种愚人的残酷，郑人买履是一种智者的迂腐。（毕淑敏《婚姻鞋》）

● 再好的学习方法也要活学活用，如果生搬硬套，就会闹出"郑人买履"那样的笑话。

成语个性

古代称鞋子为"履"，包含"履"的成语还有削足适履。"履"也指步伐，如：步履蹒跚、步履维艰。"履"还有踩踏、走过之意，如：履险如夷、登高履危、如履平地、如履薄冰。

与虎谋皮
yǔ hǔ móu pí

宋·李昉(fǎng)《太平御览》引前秦·苻(fú)朗《苻子》:"周人有爱裘而好珍羞者,欲为千金之裘,而与狐谋其皮;欲具少牢之珍,而与羊谋其羞。言未卒,狐相率逃于重丘之下,羊相呼藏于深林之中。"

释 谋:商量。和老虎商量,要它的皮。比喻所商量的事跟对方(多指坏人)有利益冲突,一定不会成功。

近义 水中捞月 枉费心机

反义 互通有无 各取所需

古时候有一个人喜欢穿狐狸皮做的大衣。有一天,他见身上那件皮衣有些旧了,就想做一件新的。可是到哪里去弄狐狸皮呢?他想去打猎,又觉得打猎太累,于是

眼珠一转，想出了一个主意。

这个人来到森林里，看见几只狐狸正在玩耍，就笑眯眯地走过去。狐狸们吓了一跳，转身就要逃走。他说："别怕，别怕，我不是来打猎的。你们看，我连弓箭都没有带。"

狐狸们上上下下打量着他，发现他身上真的没有弓箭，就停下脚步，好奇地问："你不打猎，来森林里干什么？"

"我来是为了跟你们商量一件事。"他说。

狐狸疑惑不解地说："真新鲜，你和我们有什么事情好商量的？"

"把你们的皮扒下来给我做衣服怎么样？"

他的话音还没落，狐狸们早已经逃得无影无踪了。

转眼祭祀祖先的日子到了。这个人想用又肥又嫩的羊肉做祭祀用的贡品，可他没有养羊，又没钱去买，怎么办呢？

这天，他正在山坡上闲逛，忽然听见一阵羊的叫声。他抬头一看，不远处的草地上，一群羊正在吃草呢！羊儿们软绵绵胖嘟嘟的，他看着看着竟然情不自禁地流下了口水。

"小羊们，你们好！"他高兴地跑进羊群。小羊们吓得一哄而散，远远地看着这个奇怪的家伙。

他说："可爱的小羊，我现在有一件非常重要的事，需要你们帮忙。你们愿意帮助我吗？"

善良的小羊点点头，问道："想让我们帮你做什么？"

"这对于你们来说非常容易。"他说，"把你们身上的肉割下来送给我吧，我要用来祭祀祖先。"

小羊们吓得浑身发抖，还没等他说完就逃走了。

"唉，真倒霉！我的狐狸皮大衣和羊肉都泡汤了。"他叹着气，无精打采地回家了。

就这样，这个人十年也没有做成一件皮衣，五年也没办成一次祭祀。这是为什么呢？是因为他商量事情找错了对象啊！

16 错误和愚蠢 / 愚蠢·与虎谋皮

例句

现在想起来，实际上是做了三十年与虎谋皮的事，几乎被虎吃了。（续范亭《学习漫谈》）

这个富商向来视钱如命，劝他捐款给需要帮助的人，简直就是与虎谋皮。

成语个性

这个成语原本写作"与狐谋皮"，后来演化为"与虎谋皮"。"狐"换成"虎"后，不仅更加强调事情绝无可能，还增添了商量的对象多半是坏人、恶人的意思。

竭泽而渔
jié zé ér yú

战国·吕不韦《吕氏春秋·义赏》:"竭泽而渔,岂不获得?而明年无鱼;焚薮(sǒu)而田,岂不获得?而明年无兽。"

释 竭:尽,全部。泽:水泽,池塘。把河中的水排干后捕鱼。比喻只顾眼前的利益,不作长远打算。

近义 杀鸡取卵 急功近利

反义 高瞻远瞩 从长计议

16 错误和愚蠢 / 愚蠢·竭泽而渔

春秋时期，楚国一度成为各诸侯国中势力最为强大的国家。但楚王还不满足，想要称霸中原，于是不断发动战争，侵略其他诸侯国。

有一年，楚国发兵攻打宋国。宋国打不过楚国，就去找晋国帮忙。晋国虽然不如楚国实力雄厚，但晋文公非常有才干，把国家治理得井井有条，国力一天比一天强盛。而且晋文公胸怀大志，也想称霸中原，于是答应帮助宋国攻打楚国。

事情虽然定下来了，但晋文公还是愁眉不展。"楚国比晋国强大，用什么办法才能打败他们呢？"他去请教谋士狐偃（yǎn）。狐偃说："我们和楚军实力相差太多，如果和他们正面交战，肯定会吃亏。所以我建议您用欺诈的手段，扰乱楚军的军心。"

晋文公拿不定主意，又去找大臣雍（yōng）季商量。雍季说："欺诈的方法虽然有用，但是使用的次数多了，就会被敌人识破。这就像把河里的水排干了去捕鱼，虽然这次能捕到很多鱼，但之后河里就再也不会有鱼了；把整座林子烧光了去打猎，虽然一下子能捕获很多猎物，可是之后就不会再有猎物可捕了。"

"那你有更好的计策吗？"晋文公问。

"没有，"雍季摇摇头，"这一次就用欺诈的计策吧，只要不经常使用就行。"

战争开始了，晋文公让人把虎皮蒙在马身上，避开楚军主力部队的锋芒，冲入楚军右侧的阵营，打得楚军落荒而逃。楚军的将领气得火冒三丈，加强军力攻打晋军。这时，晋文公又让士兵装出逃跑的样子，节节后退。楚军不知道这是晋文公的计策，紧追不舍，结果中了晋军的埋伏，被打得落花流水，夹着尾巴逃走了。

这就是历史上著名的城濮（pú）之战，晋军大败楚军，晋文公成了中原霸主。

例句

- 先王之法……不涸泽而渔，不焚林而猎。（春秋·文子《文子·上仁》）
- 我们要合理开发资源，不能竭泽而渔。

成语个性

"渔"是捕鱼的意思，不能写成"鱼"。这个成语也写作"涸泽而渔"。

鹬蚌相争，渔人得利

汉·刘向《战国策·燕策二》："蚌方出曝，而鹬啄其肉，蚌合而钳其喙。鹬曰：'今日不雨，明日不雨，即有死蚌。'蚌亦谓鹬曰：'今日不出，明日不出，即有死鹬。'两者不肯相舍，渔者得而并禽之。"

释 鹬：一种长嘴水鸟。蚌：一种有贝壳的软体动物。比喻双方争执不下，两败俱伤，结果让第三方从中得利。

战国时期，诸侯国之间经常打仗。有一次，赵国想要攻打燕国。燕国觉得这样打来打去对谁都没有好处，就派了能说会道的苏代去劝说赵王不要出兵。

苏代到了赵国，赵王拉着脸说："我知道你是来阻止我出兵的，但我不会因为你的三言两语就改变主意，你就不要白费口舌了，早点儿回去吧！"

苏代说："尊敬的赵王，您打定的主意肯定谁也改变不了。我不劝您，只是想给您讲个故事。"

"如果你只是要讲个故事，"赵王半信半疑地说，"那就讲来听听吧！"

于是苏代绘声绘色地讲起来：

我来贵国的路上，经过易水旁。这天天气很晴朗，我看到有只蚌游到岸上，张开双壳，优哉游哉地晒起了太阳。风轻轻地吹着，太阳暖暖地照着，真舒服啊！蚌正在享受它的美好时光，忽然，一只水鸟从空中飞下来，尖尖的嘴巴直冲着蚌软软的身体扎过来。"不好！"蚌使出全身力气合拢它的壳。水鸟来不及躲避，嘴巴被死死地夹住了。

水鸟心想："岸上没有水，今天不会下雨，明天也不会下雨，蚌坚持不了多久就被晒干了。"

蚌心想："我用壳紧紧夹住水鸟的嘴，今天不松开，明天也不松开，它吃不了东西、喝不了水，用不了多久就得饿死、渴死。"

它们谁也不肯让步，就这样僵持着。

过了一会儿，一个打鱼的人走了过来。他一看见水鸟和蚌的样子，立刻高兴得跳了起来："哈哈，我不费吹灰之力，就抓到了一只水鸟和一只蚌！"说完，他把水鸟和蚌装进袋子里，高高兴兴地回家了。

故事讲完了，苏代语重心长地说："赵王啊，如果燕国和赵国经常这样打打杀杀的，时间一长，结果就会像故事中的水鸟和蚌一样，谁也得不到好处，反而落得两败俱伤。而秦国就是故事中的渔翁，等燕国和赵国都消耗得差不多的时候，秦国只要一发兵，就能轻轻松松打败我们两个国家。请您一定要三思啊！"

"哎呀，我怎么没想到呢！"赵王惊出一身冷汗，马上打消了攻打燕国的念头。

例句

🍂 驻扎通州的官军出了面，鹬蚌相争，渔人得利，通州东关码头收归河防局所有。（刘绍棠《花街》）

🍂 马上就要比赛了，小队员们应该放下私人恩怨，团结起来，一致对外，绝对不能发生"鹬蚌相争，渔人得利"的事。

成语个性

也写作"鹬蚌相持，渔人得利"。这个成语警示人们，在错综复杂的矛盾斗争中，要警惕真正的敌人。

---

16 错误和愚蠢 / 愚蠢·鹬蚌相争，渔人得利

讳疾忌医
huì jí jì yī

宋·周敦颐《周子通书·过》:"今人有过,不喜人规,如讳疾而忌医,宁灭其身而无悟也。"

释 讳:忌讳,隐瞒。忌:害怕。隐瞒疾病,不愿就医。比喻掩饰自己的缺点和错误,害怕批评,不愿改正。

近义 文过饰非　　**反义** 闻过则喜

16 错误和愚蠢 / 自欺·讳疾忌医

春秋战国时期，有一个名叫扁鹊的医生，他遍游各个国家，四处为人看病。

有一次，扁鹊来到齐国。蔡桓(huán)侯听说扁鹊是位神医，便把他请到自己的宫殿，用最好的酒菜招待他。可扁鹊不看饭菜，却一直盯着蔡桓侯的脸，一会儿摇头，一会儿叹气。

蔡桓侯问："是我们准备的饭菜不合您的胃口吗？"

扁鹊摇摇头："不，我是在替您担心啊！"

蔡桓侯笑着说："担心什么？我这不是好好的吗？"

"您看着是好好的，其实已经生病了。"扁鹊说，"但幸运的是，现在病还只在皮肤表面，只要及时就医，还是很容易治好的。"

蔡桓侯站起身，张开胳膊转了一圈，"扁鹊先生，您在吓唬人吧！我现在健壮得像一头牛，怎么会有病呢！"

扁鹊见蔡桓侯不相信，便不再说话。等扁鹊走了之后，蔡桓侯不高兴地说："医生就是这样，放着真正有病的人不去医治，反而要给没病的人看病，还不是为了显示他们医术高明吗？"

过了几天，扁鹊又进宫拜见蔡桓侯，"您的病已经发展到了肌肉，不能再耽误了……"扁鹊的话还没说完，蔡桓侯转身就走了。

第三次见蔡桓侯的时候，扁鹊说："您的病已经发展到了肠胃，再不赶快医治，会危及到您的生命。"蔡桓侯冷笑一声，依然对他不理不睬。

又过了几天，扁鹊再进宫时，见到蔡桓侯后转身就跑。蔡桓侯叫住他，好奇地问道："我又不是吃人的老虎，你为什么一见我就跑？"

扁鹊回答说："之前我几次三番地劝您治病，是因为您的病情还有办法医治。但是现在您的病已经深入骨髓了，就算神仙来了都治不好，我也就没必要再劝您了。"

"胡说八道！我这不是好端端地站在你面前吗？"蔡桓侯脸色铁青地说。

不久，蔡桓侯果然重病不起。这时，他才想起扁鹊的话，赶忙派人去找他，可是扁鹊早已经去秦国了。蔡桓侯十分后悔，没过几天就死了。

🍄 例句

🔴 患着浮肿，而讳疾忌医，但愿别人糊涂，误认他为肥胖。（鲁迅《且介亭杂文末编》）

🔴 犯错不可怕，可怕的是讳疾忌医，不敢承认自己的错误。

成语个性

这个故事出自战国时韩非的《韩非子·喻老》。

掩耳盗铃
yǎn ěr dào líng

战国·吕不韦《吕氏春秋·自知》："百姓有得钟者，欲负而走，则钟大不可负。以椎毁之，钟况然有音，恐人闻之而夺己也，遽（jù）掩其耳。"

释 捂住耳朵去偷铃铛，以为自己听不见铃铛的声音，别人也听不见。比喻自己欺骗自己。

近义 掩目捕雀　自欺欺人　　**反义** 掩人耳目

春秋时期，晋国的范、中行、智、韩、赵、魏六卿实力最为强大，这几大家族彼此间斗争激烈。后来，范氏世家首先被灭掉。

有一个贼趁乱跑到范氏的家宅里，这里翻翻那里看看，想偷走点儿值钱的东西。范家的厅堂里挂着一口大钟，是请手艺最高明的匠人用上等的青铜铸造成的，上面雕饰着精美的纹样，看上去庄严华丽。

16 错误和愚蠢 / 自欺·掩耳盗铃

这个贼看见了，心想这可是一件值钱的宝贝，高兴得不得了，想把它搬走。可这口钟又大又沉，凭他一个人怎么可能搬得动呢？

这个贼看着钟想来想去，终于想出了一个办法，那就是把钟砸成一块一块的碎片，再分别把它们搬走。

就这么办！他找来一把斧头，用尽全身力气朝钟砸去。"咣！"大钟发出一声巨响，把他吓了一跳。"坏了，"他心里想，"这么大的响声，附近听到的人都会知道有人在这里偷钟。一定会把我抓住的，怎么办？"

钟声悠长，依旧在响个不停。他心下着急，一下子扑到了钟上，张开双臂紧紧捂住大钟，想让它不再发出声音。可是钟声又怎么可能捂得住呢？想到自己马上就要被人抓住，他吓得紧紧地捂住了自己的耳朵。这时，他发现钟声变小了。

"我真笨，只要把耳朵捂住，不就听不见钟声了吗？这可真是个好主意！"于是，他马上从衣服上撕下两条碎布，把自己的耳朵塞得紧紧的，心想这样一来，谁也听不到他砸钟的声音了。

于是，他便放心大胆地砸起钟来。"咣！咣！咣！"钟声越来越响，轰鸣不止，不光附近，就连很远地方的人都能听见。

人们听到钟声，不知发生了什么事情，于是蜂拥而至，想来看个究竟，正好看到这个在偷钟的贼，就一起把他捉到官府里去了。

🌰 例句

🍂 哪怕再念三十本《诗经》，也都是掩耳偷铃，哄人而已。（清·曹雪芹《红楼梦》）

🍂 在考试中作弊取得的好分数并不能反映自己的真实成绩，只是哄骗了自己，这跟掩耳盗铃有什么区别？

成语个性

故事中盗贼偷的是一口钟，所以这个成语原本为"掩耳盗钟"。钟和铃都是古时候的乐器，同时也是礼器（礼仪活动中使用的器物），一般用青铜铸造而成。钟的体积很大，发出的声音也很大；铃铛很小，发出的声音清脆悦耳。这个贼如果偷铃铛的话，就用不着砸成一块一块再搬走了。后来这个故事传播开来，才慢慢演变成"掩耳盗铃"，也写作"掩耳偷铃"。

15 做事和方法

附录 分类成语

高效

解铃系铃（4）
解铃还须系铃人
纲举目张
拔本塞源
抽薪止沸

因势利导（6）
一箭双雕（8）
一石二鸟
一举两得
双管齐下
左右开弓
事半功倍

计日程功
一气呵成
一步到位
一劳永逸
毕其功于一役
空谷传声
立竿见影
药到病除

令行禁止
对症下药（10）
量体裁衣（12）
有的放矢
箭不虚发
擒贼擒王
顺藤摸瓜

按图索骥（14）
井井有条
井然有序
有条不紊
分门别类
闻风而动
眼疾手快
手疾眼快

干净利落
雷厉风行
兔起鹘举
大刀阔斧
快刀斩乱麻

方法

统筹兼顾
齐头并进
并行不悖
不可偏废

八仙过海，各显神通
殊途同归
异曲同工
一张一弛
轻装上阵

大处落墨
删繁就简
当务之急
轻重缓急
先来后到
如法炮制

软磨硬泡
软硬兼施
威胁利诱
恩威并用
刚柔相济
扬长避短

截长补短
欲擒故纵
将欲取之，必先予之
将欲取之，必先与之

欲取姑予
欲取姑与
己所不欲，勿施于人
剑走偏锋
终南捷径

适度

量腹而食
量力而行

量入为出
过犹不及

适可而止
善刀而藏

彻底

寸草不留
鸡犬不留
一干二净

一扫而空
一扫而光
抱蔓摘瓜
斩草除根
斩尽杀绝

赶尽杀绝
除恶务尽
格杀勿论
掘地三尺
犁庭扫闾

罗雀掘鼠
翻箱倒柜
翻箱倒箧
穷追不舍
一网打尽

一不做，二不休
付之一炬
不留余地
一笔勾销

一了百了

应变

他山攻错
因人成事
不拘一格

因地制宜
因时制宜
就地取材
通权达变
达权通变

就坡下驴
顺水推舟
顺水推船
借风使船
借水行舟

见风使舵
看风使舵
见风转舵
随风转舵
随风倒舵

随机应变
见机行事
相机行事
便宜行事
移宫换羽

将错就错
假戏真做
降格以求
应变无方

15 做事和方法

附录 分类成语

务实	按部就班 循序渐进	步步为营 稳扎稳打	有板有眼 脚踏实地	埋头苦干 添砖加瓦	实事求是 真刀真枪
谨慎 老成持重 老谋深算 讷言敏行	不声不响 四平八稳 胆大心细 心细如发	小心谨慎 小心翼翼 临深履薄 如临深渊， 如履薄冰 谨小慎微	战战兢兢 慎始慎终 慎终如始 择地而蹈 行不履危	坐不垂堂（16） 秘而不宣 隔墙有耳 投石问路	行成于思 三思而行
严谨细致 严丝合缝	滴水不漏 一丝不苟 狮子搏兔， 亦用全力	狮子搏兔 羚羊挂角 拾遗补阙 精雕细刻	精耕细作 细针密缕 细致入微 无微不至	无所不至 面面俱到 挨门逐户	
冒险	不入虎穴， 焉得虎子（18）	虎口拔牙 铤而走险 从井救人	孤注一掷 狗急跳墙		
准备工作	调兵遣将 排兵布阵 蓄势待发	整装待发 引而不发 摩厉以须	磨厉以须 磨刀霍霍 紧锣密鼓		
高调	鸣锣开道 敲锣打鼓	招摇过市 抛头露面	堂而皇之		
积极投入	东奔西走 东寻西觅 各尽所能	能者多劳 义不容辞 当仁不让	舍我其谁 何乐而不为	何乐不为 赤膊上阵 大显身手	大显神通 风雨无阻
消极放任	顺其自然 听其自然 任其自然	自然而然 听天由命 坐以待毙	束手待毙 引颈受戮 我行我素	无为而治 听之任之 放任自流	自生自灭

105

附录 分类成语 15 做事和方法

助人

打抱不平
抱打不平
路见不平，拔刀相助

拔刀相助
扶倾济弱
济弱扶倾
扶危济困
济苦怜贫
恤老怜贫

救民水火
解民倒悬
如解倒悬
救焚拯溺
救人急难
急人之难

急人之困
排难解纷
束缊请火
排忧解难
息事宁人
急公好义

慷慨解囊
解囊相助
仗义疏财
雪中送炭
救命稻草
一臂之力

成人之美
助人为乐
有求必应
仁至义尽
治病救人
救死扶伤

自立

自食其力

自力更生
自给自足
独立自主

自立门户

替代

冒名顶替

代人捉刀（42）
代人受过

李代桃僵

108

附录 分类成语 16 错误和愚蠢

错误
铸成大错（44）
误入歧途
明知故犯
知法犯法
违法乱纪
不教而诛
重蹈覆辙
复蹈前辙
故态复萌
拒谏饰非
鲁鱼亥豕
乌焉成马
三豕涉河
三豕渡河
毫厘千里
差之毫厘，谬以千里
差之毫厘，失之千里
东差西误
阴差阳错
一差二错
张冠李戴
正冠纳履
点金成铁
惩羹吹齑
因噎废食
南辕北辙（46）
背道而驰
作舍道边（48）

轻率
打草惊蛇（50）
轻举妄动
掉以轻心
粗心大意
粗枝大叶
丢三落四
信以为真
自作聪明

莽撞
暴虎冯河
不管不顾
不管三七二十一
名不正，言不顺

专断
大权独揽
独断专行
师心自用
自行其是
自作主张

颠倒
指鹿为马（52）
指皂为白
颠倒黑白
颠倒是非
混淆黑白
混淆是非
混淆视听
以白为黑
习非成是
喧宾夺主
反裘负刍（54）
倒行逆施
皮之不存，毛将安傅
皮之不存，毛将焉附
本末倒置
轻重倒置
头重脚轻
刻画无盐，唐突西子
舍本逐末（56）
贪小失大
因小失大
剖腹藏珠

多余
越俎代庖（58）
屋下架屋
屋上架屋
头上安头
叠床架屋
画蛇添足（60）
多此一举

敷衍
不痛不痒
草率从事
蜻蜓点水
表面文章
浮皮潦草
大而化之
逢场作戏
虎头蛇尾
草草了事
不了了之
敷衍塞责
粗制滥造
虚与委蛇
推三阻四
敷衍了事
偷工减料
生拉硬拽
生拉硬扯
七拼八凑
聊以塞责
虚应故事
马马虎虎
出口入耳
头痛医头，脚痛医脚
偷奸耍滑
避重就轻
拈轻怕重

109

16 错误和愚蠢

附录 分类成语

挑剔
求全责备　洗垢求瘢　搜根剔齿　挑肥拣瘦
吹毛求疵　擘肌分理　拣精拣肥　挑三拣四

谋私
　　　　　混水摸鱼　一己之私　假公济私　中饱私囊　徇私舞弊
　　　　　顺手牵羊　染指垂涎　损公肥私　贪污腐化
投机取巧　损人利己　染指于鼎　以权谋私　贪赃枉法
浑水摸鱼　据为己有　公报私仇　营私舞弊　徇情枉法

害己
　　　　　飞蛾扑火　自掘坟墓　授人口实　开门揖盗　养虎遗患
　　　　　（64）　　玩火自焚　授人以柄　（68）　养虺成蛇
作法自毙　自取灭亡　（66）　倒持泰阿　　　　　养痈贻患
（62）　　咎由自取　引火烧身　无病自灸　放虎归山
作茧自缚　自取其辱　惹火烧身　自讨苦吃　（70）
以身试法　自作自受　披麻救火　自讨没趣　纵虎归山
自食其果　自投罗网　贻人口实　引狼入室　放虎自卫
　　　　　　　　　　　　　　　　　　　　姑息养奸

惹祸生事
无事生非　遇事生风　寻事生非　剔蝎撩蜂
无风起浪　从中作梗　寻衅滋事　招风揽火
兴风作浪　兴妖作怪　惹是生非　招是惹非

空谈
纸上谈兵
（72）

模仿
　　　　　东施效颦　邯郸学步　依样　　优孟衣冠
　　　　　（74）　　（76）　　画葫芦
步人后尘　亦步亦趋　照猫画虎　依样葫芦

取法不当
闭门造车　小题大做　歪门邪道　无的放矢
戴盆望天　小题大作　邪门歪道　以暴易暴
牛刀割鸡　旁门左道　举措失当　寻死觅活

110

16 错误和愚蠢

附录 分类成语

低效
拖泥带水　疲于奔命　舍近求远　临阵磨枪
老牛破车　不得要领　事倍功半
扬汤止沸　蜗行牛步　拆东补西　贼去关门

适得其反
纵风止燎　揠苗助长（78）　刻鹄类鹜　矫枉过正　适得其反
扇火止沸　　　　　　　　饮鸩止渴（80）　操之过急　欲盖弥彰
以汤止沸　拔苗助长　　　　　　　　　　　欲速则不达
抱薪救火　止沸益薪　断鹤续凫　剜肉补疮
泼油救火　炙冰使燥　画虎类狗　剜肉医疮　欲速不达
投膏止火　治丝而棼　画虎类犬　从井救人　弄巧成拙

徒劳无功
缓不济急　枉费工夫　无米之炊　头痒搔跟　以莛撞钟
远水不解近渴　枉费心机　一目之罗　临渴掘井（82）　如水投石
　　　　　　画脂镂冰　一洞之网　　　　　　鸡飞蛋打
徒劳无功　远水不救近火　镂冰雕朽　海中捞月　江心补漏　前功尽弃
徒劳无益　无济于事　钻冰求火　海底捞月　临渊羡鱼　付之东流
劳而无功　无补于事　挑雪填井　水中捞月　缘木求鱼
推舟于陆　于事无补　炊沙作饭　挟山超海　问道于盲
为人作嫁　　　　　抟沙作饭　对牛弹琴　以其昏昏，
火中取栗　枉费日月　磨砖作镜　隔靴搔痒　　使人昭昭

虚伪
　　　　　叶公好龙（84）　装腔作势　矫揉造作　半推半就
　　　　　　　　　　　　拿腔做势　矫情饰行　哗众取宠
附庸风雅　装模作样　做张做智　惺惺作态

欺骗
　　　　　故弄玄虚　欺天罔地　滥竽充数（86）　弄虚作假　指山卖磨
　　　　　掩人耳目　移花接木　　　　　　　　凭空捏造　祟风卖雨
藏头露尾　瞒天过海　偷梁换柱　以假乱真　向壁虚造
知情不举　欺上瞒下　偷天换日　弄假成真　卖狗悬羊
装神弄鬼　瞒上欺下　鱼目混珠　招摇撞骗　炫玉贾石

111

附录 分类成语 16 错误和愚蠢

死板
- 守株待兔（88）
- 刻舟求剑（90）
- 以书为御
- 照本宣科
- 郑人买履（92）
- 一板一眼
- 生搬硬套
- 生吞活剥
- 削足适履

愚蠢
- 与狐谋皮
- 蠢如鹿豕
- 愚不可及
- 愚昧无知
- 鬼迷心窍
- 哀梨蒸食
- 焚琴煮鹤
- 杀鸡取卵
- 竭泽而渔（96）
- 焚林而田
- 亲痛仇快
- 自毁长城
- 为渊驱鱼，为丛驱雀
- 为渊驱鱼
- 为丛驱雀
- 鹬蚌相争，渔人得利（98）
- 与虎谋皮（94）

自欺
- 讳疾忌医（100）
- 掩耳盗铃（102）
- 画饼充饥
- 望梅止渴
- 指雁为羹
- 聊以自慰
- 自欺欺人
- 掩鼻偷香
- 掩目捕雀

图书在版编目（CIP）数据

把成语用起来：一读就会用的分类成语故事．八，做事和方法　错误和愚蠢 / 歪歪兔童书馆编著． -- 北京：海豚出版社，2020.5（2023.11重印）
ISBN 978-7-5110-5136-3

Ⅰ．①把… Ⅱ．①歪… Ⅲ．①汉语－成语－故事－青少年读物 Ⅳ．① H136.31-49

中国版本图书馆CIP数据核字（2020）第 000043 号

把成语用起来——一读就会用的分类成语故事
歪歪兔童书馆 / 编著

出 版 人：王　磊
策　　划：宗　匠
监　　制：刘　舒
策划编辑：宋　文
撰　　文：尤艳芳
绘　　画：徐敏君
责任编辑：孟科瑜　杨文建
装帧设计：王　蕾　侯立新
责任印制：于浩杰　蔡　丽
法律顾问：中咨律师事务所　殷斌律师

出　　版：海豚出版社
地　　址：北京市西城区百万庄大街24号　邮　　编：100037
电　　话：（010）85164780（销售）　（010）68996147（总编室）
传　　真：（010）68996147
印　　刷：北京博海升彩色印刷有限公司
开　　本：16 开（860 毫米×1130 毫米）
印　　张：73.25
字　　数：800 千
印　　数：190001-200000
版　　次：2020 年 5 月第 1 版
印　　次：2023 年 11 月第 12 次印刷
标准书号：ISBN 978-7-5110-5136-3
定　　价：450.00 元（全十册）

版权所有　　侵权必究